JN113757

［三訂版］

会計学の基礎

— 財務諸表の仕組みと情報 —

石神高尾 ［著］

創 成 社

はしがき

　会計学というものは，初学者にとってイメージを描きにくく，さらに学び始めると独特な用語や種々のルールが次から次へ出てくることもあり，そのうちに学ぶ意欲もなくなってしまうケースも多いようである。これは，損益計算書や貸借対照表等の財務諸表を作成する観点から学習に取り組むことで生じるのかもしれない。もちろん，財務諸表が作成できるようになるに越したことはないが，財務諸表が読めるようになることも重要である。

　会計は経済活動を理解するためのビジネスの共通言語であるといわれる。財務諸表によって取引先の状態を把握することができ，また，自分の会社が今どういう状態なのかがわかるようになり，またその会社の社員としてどのような仕事をするにしても，その結果は必ず財務諸表に反映されるので，自社の業績によりよく貢献するにはどのように仕事に取り組むべきかを意識しながら働くことができるようにもなるだろう。

　このようなことをふまえて，本書は大学における会計学（財務会計）のテキストとして，特に損益計算書，貸借対照表，キャッシュ・フロー計算書および株主資本等変動計算書といった財務諸表について，各々の意義を確認したうえで，それらを構成する項目はどのような意味を持ち，その数値はどのように算出されるのかについて平易にまとめたつもりである。そして留意すべき仕訳，計算，作表等については設例や練習問題を通じて実践的に理解できるようにしている。さらに第10章においては，企業の安全性と収益性に関する財務諸表分析の基礎を学べるようにした。また，関連する事柄の説明や，最近のトピックの紹介をMEMOという形で適宜挿入している。

　本書が会計学理解のための一助となり，ひいては将来，ビジネス社会で活躍するにあたっての手引書の1つとなれば幸いである。

　末筆ながら，本書の出版を快く引き受けて下さった株式会社創成社の塚田尚寛社長，そして校正等で御尽力をいただいた出版部・西田徹氏に感謝申し上げる。

　　2015年9月

　　　　　　　　　　　　　　　　　　　　　　　　　　石神高尾

改訂にあたって

　本書の初版を上梓以来，はや5年近くが過ぎ，時代も平成から令和へバトンが渡された。その間も経済のグローバル化や企業活動の複雑化がますます進み，企業会計を取り巻く環境も変貌し，国際的には会計基準の統合が進められ，わが国においても会計基準の新設や改廃が次々と行われている。たとえば2018年3月に公表された企業会計基準第29号「収益認識に関する会計基準」は，国際財務報告基準（IFRS）との整合性を図り基本的な考え方を踏襲する内容となっており，従来行われてきた会計処理に変更を要するような基準であるが，一方で企業に対する多様な情報ニーズに応えるための制度的な整備であるともいえよう。

　このような背景を踏まえ，本書は会計基準等の最新動向をできるだけ取り入れつつ，大学における会計学（財務会計）のテキストとして，留意すべき仕訳，計算，作表等については引き続き設例や練習問題を通じて実践的に理解できるように工夫して改訂版とした。本書が初版と同様に，会計学理解のための一助となることを願っている。

　末筆ながら，改訂版の出版に際し大変お世話になった株式会社創成社の塚田尚寛社長，出版部・西田徹氏に感謝申し上げる。

　　2020年3月

　　　　　　　　　　　　　　　　　　　　　　　　　　石神高尾

三訂版発行にあたって

　本書はこれまで2015年に初版を，2020年には改訂版を公刊してきた。改訂版刊行後から現在に至る比較的短期間においても，企業会計を取り巻く環境は絶えず変貌してきた。それに加えて，改訂版刊行直後には，あろうことか企業会計はもとより全世界を巻き込む出来事が生じた。いうまでもなく，新型コロナウイルス感染症の蔓延である。これは大学教育にも影を落とすこととなり，筆者の所属する大学においても2020年度は授業開始が5月にずれ込み，同年度はすべてが遠隔授業を余儀なくされた。学生，教員，大学スタッフすべてが経験したことのない事態ではあったが，悪戦苦闘の中，乗り切ることができた。本書は，こうした状況にも十分対応できる内容であった一方で，記述を補足すべき部分もあらためて確認する機会となった。

　このような経緯も踏まえ，この度の改訂においては，純資産の部に新たに加わることとなった「株式引受権」をはじめとする，最新のトピックをできるだけ取り入れつつ，補足すべき説明等については加筆し，大学における会計学（財務会計）のテキストとして，留意すべき仕訳，計算，作表等については引き続き設例や練習問題を通じて実践的に理解できるような内容を目指した。本書がこれまで同様に，会計学理解のための一助となることを願っている。

　末筆ながら，三訂版の出版に際し大変お世話になった株式会社創成社の塚田尚寛社長，出版部・西田徹氏に感謝申し上げる。

　2023年3月

石神高尾

目　　次

viii

第1章 序　論

第1節　会計の意義

　会計とは，経済主体の経済活動を，期間を区切って，貨幣額で継続的に記録・計算・報告することといえる。ここでいう経済主体には，個人や家庭，企業，各種組合，公益法人そして国や地方自治体などが含められる。

　ところで，今日の社会において，企業はきわめて重要な役割を果たしている。すなわち，われわれが日常消費するほとんどすべてのものが企業の生産物であるし，われわれの営む生計の多くはこうした企業から支払われる賃金や利子などによって支えられている。このように，社会における生産と分配はほとんど企業の経営活動を通じて行われており，まさに，企業の発展はそのまま社会の発展につながっている。このような，企業が経済主体となる会計を企業会計という。

1．会計の機能

　企業会計は，損益計算書や貸借対照表をはじめとする財務諸表によって，企業の一定期間の経営成績や一定時点の財政状態を明らかにすることを目的としている。また，現代の会計は情報利用者の意思決定に有用な会計情報を提供することが重視されている。会計情報は財務諸表によって主に提供されるが，これは情報の作成者と利用者との間でのコミュニケーションととらえることができるので，会計はコミュニケーション・システムであるといえる。

　そして，企業会計の目的が達成されることにより，次のような機能が果たされることとなる。

（1）利害調整機能

　企業の利害関係者としては経営者，株主そして債権者などが代表的に挙げられよう。このとき経営者と株主との間の利害の対立について考えると，企業が発行する株式を購入して株主となると，法的には当該企業の経営に関与することができるが，通常，株主は投資した資金の管理・運用を経営者に委託し，受託した経営者が資金の管理・運用を通じて成果をあげることの方を期待する。しかし，企業外部の株主は，経営者と同等の企業に関する情報を入手しえないため，経営者の行動をモニターするために会計情報の開示を求めたり，経営者の報酬が企業の成果と連動するような制度を設ける等により，株主と経営者がともに利益を享受できるようにすることで利害が調整されることとなる。

　このように企業を取り巻く利害関係者間で，一方に有利であっても，他方には不利になるようなコンフリクトを，会計が解消したり防止する機能を果たしているのである。そしてこのような種々の利害の衝突は，現金の流出による企業の財産の減少や企業価値の低下が関係するものであるから，利害調整機能には算定された利益に貨幣の裏付けがあるかどうかということが重視されることとなる。

（2）情報提供機能

　情報提供機能とは，企業の利害関係者が行う経済的意思決定に有用な，企業の経済活動および経済事象に関する情報を作成し伝達する機能である。情報提供機能には，株主など資金提供者へ企業の受託責任の遂行状況を明らかにし，（1）のような利害を調整する働きが期待されている。それと同時に，効率的な経済的資源の配分に関する意思決定への役立ちにも欠くことができない。また，提供される情報の内容や，情報開示についての企業の姿勢は企業評価にも関わってくるし，企業の透明性確保によるコーポレート・ガバナンスへの寄与，そして企業の社会的責任履行手段としても，会計の情報提供機能はますます重要性を増している。そして，なによりも企業から投資者へのこのような情報提供は，証券市場を存立させるために不可欠である。

（3）2つの機能の関係

　会計の有するこれらの機能は対比されて位置づけられることも多いが，ともに会計が有する機能であり二者択一的なものではない。

　企業外部の利害関係者は，彼らの意思決定のために有用な情報を，企業のディスクロージャーにより提供され，そのような会計情報をもとに各々の行動を決定している。ゆえに彼らのディスクロージャーに対する関心は高く，さらにはディスクロージャーにより，投資者をはじめとする利害関係者と企業との有効で健全な関係の維持が図られ，さらにはそれが企業の存続と発展へ結びつくということから考えても，会計の情報提供機能の意義をあらためて見出しうるものである。

　株主と債権者の利害が対立の様相から調和の様相へ変化する資本市場においては，会計の有する利害調整機能と情報提供機能が相互補完的に働くことで，企業と利害関係者との健全な関係が構築され，それが資源の有効な配分へと結びつくことも期待されるのである。

第2節　企業会計の領域

　企業会計は，通常，財務会計（financial accounting）と管理会計（management accounting）に分類される。

　このうち財務会計は，その会社の成績や財産などの状態を，企業の外部の株主や銀行などといった利害関係者に報告する会計なので，外部報告会計ともいわれる。また，各種の利害関係者の利害を調整するためには客観性が求められるため，会社法や企業会計原則等の種々の法律や基準に従って行われる。

　これに対して，管理会計は会社の内部の経営管理者に報告する会計なので，内部報告会計ともいわれ，そこでは，意思決定のための会計と業績評価のための会計が行われる。前者には，利益計画，資金計画などや投資計画があり，後者ではこれらの計画のそれぞれの予算についての予算実績差異分析が中心となり，業績評価の結果が次期の計画に活かされることとなる。また管理会計は企

業ごとに方法が異なり，法的に強制されるものではない。

　なお，会計の締めくくりともいえる領域に監査がある。これは企業の活動の結果，作成される財務諸表が会計基準に基づいて適正に作成されているかを検査する領域である。監査の対象は会計監査と業務監査があるが，前者が財務諸表を監査するもので，基本的には，その企業と利害関係のない第三者である外部の公認会計士あるいは監査法人が行うとともに，企業内部の監査役も行う。

　本書は，上記のうち，財務会計を対象としている。

第3節　財務諸表

　企業は，自社の経営成績や財政状態に関する会計情報を主に財務諸表により提供する。ただし，正確には財務諸表とは金融商品取引法による名称であり，会社法においては計算書類とよばれる。ここでは，便宜上，双方を意味する用語として財務諸表を用いる。

　金融商品取引法と会社法における財務諸表の種類を比較すると，下表のとおりである。なお，本書では個別財務諸表を取り上げている。

金融商品取引法	会　社　法
損益計算書 貸借対照表 株主資本等変動計算書 キャッシュ・フロー計算書[1] 附属明細表	損益計算書 貸借対照表 株主資本等変動計算書 附属明細書

注1）連結財務諸表を作成しない企業は，キャッシュ・フロー
　　計算書を作成して開示しなければならない。

　附属明細表とは，「有価証券明細表」，「有形固定資産等明細表」，「借入金等明細表」，「引当金明細表」等の損益計算書や貸借対照表における重要項目の内容の明細を示すものである（「財務諸表等規則」121条）。なお，会社法において附属明細書の作成開示が求められているが，これは計算書類（財務諸表）には含

まれない。

第4節　会計情報の役割

　財務会計は企業の内外に存在する利害関係者の必要とする会計情報を提供する。主な利害関係者が会計情報をどのように役立てているかは，次のとおりである。

　① 経営者

　自社の経営活動の成績を正しく把握し，今後の経営計画などの立案に役立てる。

　② 株　主

　計上された利益のうち，どのくらいの配当が行われるのかを計算するのに役立てたり，株主から委託された資金の管理運用の結果を企業が説明するのに役立つ。

　③ 一般の投資者

　株式や社債などの売買の判断に役立てるために，その企業の財務状況の分析に利用する。

　④ 金融機関

　その企業へ融資を行うかどうかの判断，あるいは現在行っている融資を継続するかどうかを判断するために，その企業の財務諸表を利用して収益力や支払能力を分析するのに役立てる。

　⑤ 従業員

　労働組合が賃金に関して企業と交渉する際に，当該企業の財務諸表等で会計情報を分析し，交渉に役立てる。

　⑥ 税務当局

　税金を企業へ課税する場合に，課税額の公平性や企業の確定申告の内容を確認するのに役立てる。

　⑦ 監督官庁

　公共性の高いサービス等を提供する企業の料金を認可する際に適正か判断し

たり，企業への補助金を交付すべきかどうかなど監督目的に役立てる。

⑧　その他

企業とは直接的に取引関係がない人々が関心を持つ事柄に関する情報提供も重要性を増している。例えば，企業の短期的な利益追求が及ぼす社会への悪影響に対する関心の高まりである。

昨今の環境問題や社会問題の深刻化・複雑化を踏まえ，2015年に国連で「持続可能な開発目標」（Sustainable Development Goals：SDGs）が採択されたこともあり，持続可能な社会の形成に対する企業の取り組みを示す要素として，環境（Environment），社会（Social），企業統治（Governance）の3つが注目されている。これらに関する情報はESG情報と呼ばれており，代表的には，温室効果ガスの排出量削減，ワーク・ライフ・バランスの確保，法令順守の姿勢等に関する情報が挙げられる。このようなESGの観点から企業を評価し，投資先を選択する考え方も広がっている。

なお，ESG情報は，貨幣額で測定できない，いわゆる非財務情報となる場合が多い。

第5節　会計を学ぶ意義

企業の経済活動というものは単にモノを仕入れて，それを販売するというシンプルなものではなく，このほかにも広告宣伝活動，研究開発活動，設備投資，採用活動，社員の福利厚生，資金の借入・返済等々多岐にわたる。そしてこれらはすべて帳簿に記録されることになる。

すなわち，会計を学ぶということは，企業というものがどのような活動を行っているかについて具体的に理解することにつながると同時に，必然的に経済の仕組みや動きも理解できるようになり，また，世の中にどんな仕事があるのかということを知ることにもつながる。

会計の仕組みから得られるさまざまな会計数値は，企業を経営していくうえで不可欠の情報であり，日々のビジネスの世界では，会計数値に基づいて計画

を立てたり，業績を評価し，あるいは会計数値を用いて取引相手に考えを伝達し交渉する。したがってビジネスの言語といわれ，既述のとおりコミュニケーションの手段となる。

　世の中のすべての企業は，簿記・会計のルールに従って，その成績や状態をまとめ，それを経営に活かしている。したがって，簿記・会計の学習は有意義である。また将来独立したり，起業して会社経営を行う場合は，このような知識は必須である。

　経理以外の仕事をする場合でも，会計の知識を有していると，ビジネスの基本であるコスト感覚が身につき，経営管理能力にも結びつき，自社がいまどういう状態なのかがわかるようになり，またその企業の社員としてどのような仕事を担当するとしても，その仕事の結果は必ず財務諸表に反映されるので，自社の利益獲得によりよく貢献するにはどのように仕事に取り組むべきかを意識しながら働くことができるようになるのである。

第2章　会計公準と会計基準

第1節　企業会計の理論構造

　今日の企業会計を支える理論的仕組みは，会計手続，会計基準そして会計公準の3つの部分から成り立っている。

　会計手続は，具体的な会計処理法であり，これを支えるのが企業会計の基本的な行為規範，または実践指針である会計基準であり，会計公準は企業会計を成立させるための基本的前提として理論的な土台の役割を果たしている。

1．会計公準（accounting postulates）

　会計の体系が成り立つためには，なんらかの概念的基礎が必要となるが，その役割を果たすものが会計公準である。

　会計公準とは，会計基準，会計処理手続を導き出すための，すなわち，会計を成立させるための基本的前提のことであり，企業会計の慣行または慣習の中から最も基本的なものを抜き出したもので，コンベンション（慣行，しきたり）ともよばれる。

　一般的には，次の3つが挙げられる。

（1）企業実体の公準

　企業という経済主体を，その所有主とは分離して考えるもので，企業会計は所有主から分離した企業単位で行われるという公準で，企業会計が行われる範囲を限定する。

　企業実体には，法的実体と経済的実体とがある。

（2）会計期間の公準

　企業会計は期間別に行われるという公準である。この基礎には，企業が半永久的に経営活動を継続するという概念がある。したがって，継続企業の公準ともいわれ，企業会計に対し時間的限定を行う。

（3）貨幣的評価の公準

　企業会計は貨幣額で測定できるものを対象とするという公準である。これは，貨幣額が測定尺度として最も共通的な尺度であるからであり，企業会計の対象を限定するものである。したがって，貨幣額によって測定できないものは，企業会計の対象とならない。

2．概念フレームワーク

　最近は，企業を取り巻く環境や経済活動も複雑となり，これまでのように会計公準をもとに会計基準を設定することが難しくなってきている。そこで考え出されたのが概念フレームワークである。

　概念フレームワークとは，「首尾一貫した基準を導き出すと期待され，財務会計および報告の性質，機能そして限界を定めるところの相互に関係のある目的や原理に関する論理的な体系」（米国財務会計基準審議会・「財務会計諸概念に関するステートメント」より）とされる。すなわち，会計基準同士が矛盾のない体系になるように，会計基準設定における憲法にもたとえられるとともに，会計基準の概念的な基礎を提供するものである。

　米国財務会計基準審議会が1978年に第1号「営利企業の財務報告の基本目的」を公表したのが最初で，その後，国際会計基準審議会をはじめ各国でも公表されている。

　我が国では，企業会計基準委員会が2004年に討議資料として「財務会計の概念フレームワーク」を公表しており（2006年に改訂），「財務報告の目的」，「会計情報の質的特性」，「財務諸表の構成要素」，「財務諸表における認識と測定」から構成されている。我が国の概念フレームワークは，現行の会計基準の

基礎にある前提や概念を出発点としており，市場慣行，投資家の情報分析能力や法の体系など財務報告を取り巻く現在の制約要因を反映しているとされる。

第2節　会計基準

　財務会計は，各種利害関係者に対する財の配分などの社会的な会計問題を取り扱うため，これに対する社会的な規範を必要とする。会計基準はこうした社会的な規範としての役割を持つものであり，企業会計がその経済活動および関連事象について測定・記録・報告するにあたって遵守すべき規範である。

　我が国の会計基準は，金融庁・企業会計審議会や企業会計基準委員会が公表している会計原則や会計基準などであるといわれる。

1．企業会計原則

　我が国の会計基準の基礎となるものが，1949（昭和24）年に当時の経済安定本部・企業会計制度対策調査会（金融庁・企業会計審議会の前身）が公表した「企業会計原則」である。

　これは，戦後の我が国経済の再建に必要な外資の導入，企業の合理化などのために企業会計を改善統一しようとして作成されたもので，企業会計原則の前文において「企業会計の実務の中に慣習として発達したもののなかから，一般に公正妥当と認められたところを要約したもの」と謳われている。

　「企業会計原則」は，一般原則，損益計算書原則，貸借対照表原則から構成され，「注解」が付されている。

　一般原則は，企業会計に関する一般的な指針を与えるものであり，7つの原則から成っている。損益計算書原則と貸借対照表原則は，損益計算書と貸借対照表の作成・表示のための基準となっている。

　以下で一般原則をそれぞれ説明する。

（１）真実性の原則

> 企業会計は，企業の財政状態及び経営成績に関して，真実な報告を提供するものでなければならない。

　企業会計上の最高規範とされ，他の６つの一般原則を統括する。ここでいう「真実な報告」とは，絶対的ではなく「相対的な真実性」をいう。すなわち，企業会計においては主観的判断が必要であったり，１つの取引に関し複数の処理方法があり，どれを選択するかは企業に委ねられているからである。そして真実な報告は，企業会計原則における諸原則が遵守されることにより確保される。

　真実性の原則は，会計処理と会計報告の双方についての基本的な原則である。

（２）正規の簿記の原則

> 企業会計は，すべての取引につき，正規の簿記の原則に従って，正確な会計帳簿を作成しなければならない。

　この原則において「正規」ということについては明示されていないが，一般的に複式簿記が正規の簿記であるための要件を満たしているとされる。その要件とは，次の３つである。
　①　検証可能性（検証可能な証拠に基づいて記録されねばならないこと）
　②　網羅性（発生したすべての取引が記録されねばならないこと）
　③　秩序性（継続的で組織的に記録されねばならないこと）
　正規の簿記の原則は，記録という形式面から真実性の原則を支えている。

（３）資本と利益の区分の原則

> 資本取引と損益取引とを明確に区別し，特に資本剰余金と利益剰余金を混同してはならない。

　ここでの資本取引とは株主からの払い込み等，企業の純資産を直接増減させる取引であり，損益取引とは収益または費用が発生する一般の営業取引である。この2つの取引を区別することにより，維持すべき元本としての資本とその資本をもとに得られた果実としての利益が峻別され，企業の財政状態および経営成績が適正に示されることとなる。

　一方，資本剰余金と利益剰余金を区別することで，株主への配当が配当可能な部分からなされることになり，いわゆるタコ配当といわれる資本の食いつぶしを防ぐことができるのである。したがって，資本と利益の区分の原則は，剰余金区分の原則ともいわれ，計算という実質面から真実性の原則を支えている。

（4）明瞭性の原則

> 　企業会計は，財務諸表によって，利害関係者に対し必要な会計事実を明瞭に表示し，企業の状況に関する判断を誤らせないようにしなければならない。

　利害関係者が企業の実態を正しく把握し理解することができるように，財務諸表を明瞭に作成すべきことを要求するもので，具体的には損益計算書や貸借対照表などの作成にあたっては，様式，勘定科目の配列そして金額の表示方法などについて一定の基準を設けるなどしたり，重要な会計方針や重要な後発事象を注記で開示することで明瞭性を保つようにしている。

　明瞭性の原則は，表示という形式面から真実性の原則を支えている。

> **MEMO　会計方針と後発事象**
>
> 　財務諸表には，重要な会計方針や損益計算書及び貸借対照表を作成する日までに発生した重要な後発事象を注記しなければならない。
> 　会計方針とは，企業が損益計算書及び貸借対照表の作成に当たって，その財政状態及び経営成績を正しく示すために採用した会計処理の原則及び手続並びに表示の方法のことで，有価証券やたな卸資産の評価基準及び評価方法，引当金の計上基準などがある。また後発事象とは，貸借対照表日後に発生した事象で次期以降の財政状態及び経営成績に影響を及ぼすような火災，出水等による重大な損害の発生や主要な取引先の倒産などのことで，当該企業の将来の財政状態及び経営成績を理解するための補足情報として有用である（「企業会計原則注解」注1-2，1-3）。

（5）継続性の原則

> 　企業会計は，その処理の原則及び手続を毎期継続して適用し，みだりにこれを変更してはならない。

　企業が一度採用した会計処理の原則および手続は，毎期，できるだけ継続して適用すべきことを要求している原則である。例えば，減価償却の方法をある期に定額法から定率法へ変更後，翌期に定率法から定額法へ戻すというようなことが行われると，当該企業の業績を合理的に期間比較できなくなるのである。またこのような変更がみだりに行われると，恣意的に利益操作が行われるおそれがあるため認められないのである。

　ただし，関係諸法令の改廃，急激な経済変動そして当該企業の経営活動の大規模な変更等があった場合は，正当な理由であるということで会計処理の原則および手続を変更することが認められるとされる。なお変更する場合は，その旨を注記する必要がある。継続性の原則は，計算という実質面から真実性の原則を支えている。

（6）保守主義の原則

> 企業の財政に不利な影響を及ぼす可能性がある場合には，これに
> 備えて適当に健全な会計処理をしなければならない。

　収益は見積計上せず遅めに計上し，また費用は見積計上も含め早めに計上することにより，利益を控えめに計上しようという原則である。これにより，ある会計事実に対し複数の会計処理が認められる場合，将来の財務的危険に備えて，利益の過大計上にならないような会計処理を選択する判断基準となる。しかし，保守主義が過度に適用されることにより，当該企業の財政状態および経営成績が不適切に開示されないように留意する必要がある。

　保守主義の原則は，安全性の原則あるいは慎重性の原則ともよばれ，計算という実質面から真実性の原則を支えている。

（7）単一性の原則

> 　株主総会提出のため，信用目的のため，租税目的のため等種々の
> 目的のために異なる形式の財務諸表を作成する必要がある場合，それらの内容は，信頼しうる会計記録に基づいて作成されたものであって，政策の考慮のために事実の真実な表示をゆがめてはならない。

　財務諸表の形式は，各種の財務報告目的に応じて異なっていても，その作成の基礎になる会計記録は1つのものでなければならないという原則である。したがって，例えば税務署に提出する財務諸表では利益を少なく計上し，株主総会へ提出する財務諸表では利益を過大に計上することは認められない。

　単一性の原則は，財務報告における形式多元，実質一元を意味するもので，表示という形式面から真実性の原則を支えている。

（8）重要性の原則

　重要性の原則は，上記の7つの一般原則に準ずるものとして位置づけられる。

　「重要性の乏しいものについては，本来の厳密な会計処理によらないで他の簡便な方法によることも，正規の簿記の原則に従った処理として認められる。重要性の原則は，財務諸表の表示に関しても適用される。」(「企業会計原則注解」[注1]) と定められているように，金額あるいは勘定科目の重要性の程度に応じて，会計処理および会計報告を行うべきであるという原則であり，正規の簿記の原則と明瞭性の原則に関連している。

　重要性の原則の適用例としては，次のようなものがある。

① 消耗品等の貯蔵品の，買入時または払出時の費用処理の採用
② 前払費用等の経過勘定項目の非計上
③ 負債性引当金のうち重要性の乏しいものについての非計上
④ たな卸資産の取得原価に含められる付随費用の取得原価への不算入
⑤ 分割返済の定めのある長期の債権・債務の固定資産または固定負債としての表示

2. 企業会計基準

　2001年に企業会計基準委員会 (Accounting Standards Boards of Japan: ASBJ) が設立され，それまで企業会計審議会によって行われていた我が国の会計基準の設定を同委員会に委ねることとなった。

　ASBJの設立により，国際的な会計基準の設定に対応し，我が国の会計基準に対するニーズをすばやく反映できるようになった。2002年2月に公表された企業会計基準第1号「自己株式及び法定準備金の取崩などに関する会計基準」を皮切りに，企業会計基準適用指針や実務対応報告も含め次々に公表している。

3. 国際会計基準

　各国の歴史や制度を背景に，各国が独自の会計基準を有しており，企業は自国の会計基準に基づいて財務諸表を作成している。しかし，企業活動のグローバル化がますます進展してきた現在，企業会計の基準が国ごとに異なっている

とさまざまな問題が生じる。すなわち，海外の子会社等を連結する場合に，会計基準が異なると不都合が生じたり，国際的に企業間の成績の比較を行う場合に比較可能性に欠けたり，さらには複数の国の基準に基づく財務諸表を作成する必要が生じ，作業が多大な負担となる等である。

　このような状況を踏まえ，各国の会計基準を統一しようという方向を目指して，1973年に国際会計基準委員会（International Accounting Standards Committee: IASC）という民間団体が設立され，国際会計基準（International Accounting Standards: IAS）が制定されてきた。その後，IASを真のグローバルスタンダードとして確立するために，国際会計基準審議会（International Accounting Standards Board: IASB）が世界各国の会計基準をIASに近付けることを目標に掲げ，2001年に発足した。なお，IASは国際財務報告基準（International Financial Reporting Standards: IFRS）となった。

　2005年にはIFRSはEU域内での統一基準となり，我が国においては，2010年3月期よりIFRSの任意適用が認められるようになり，2023年2月現在でIFRS適用済あるいは適用決定会社数は260社となっている（日本取引所グループ調べ）。

　ちなみに我が国企業が連結財務諸表を作成する場合には，日本基準のほかに米国の会計基準やIFRSに準拠することも金融庁は認めている。またIFRSのうち日本基準とは考え方が異なる部分に修正を加えた「修正国際基準」（国際会計基準と企業会計基準委員会による修正会計基準によって構成される会計基準，JMIS：Japan's Modified International Standards）が2015年6月に制定されている。

第3節　会計法規

1．総　説

　財務会計は，企業の利害関係者への外部報告会計であるので，いろいろな社会的規制により情報の公正性が保たれる必要がある。我が国の場合は，会社法，金融商品取引法，そして税法により財務諸表の作成や開示が法的に規制されて

いる。このように法的に規制され，制約を受けている会計領域を制度会計とよび，会社法に規制される会計が制度会計の中心的位置を占めている。

　以下，それぞれによる会計をみていくこととする。

2．会社法による会計

　2005年6月に「会社法」が公布され，2006年5月に施行された。これは「商法」のうち「第二編　会社」，「有限会社法」，「商法特例法」などを再編し，1つの法律として体系化したもので，会社の設立，組織，運営および管理について定めた法律である。基本的にこれまでの規制を大幅に緩和する内容となっており，事業活動の選択肢が増加された。会社法の開示目的は，配当可能利益と企業の担保力の報告である。

　会社法の第431条から第465条までの「計算等」において，株式会社に対し損益計算書や貸借対照表の作成・報告を規定している。会社法では，損益計算書や貸借対照表などを計算書類とよび，その記載方法は「会社計算規則」という法務省令で定めている。

　会社法第431条において，「株式会社の会計は，一般に公正妥当と認められる企業会計の慣行に従うものとする」と定められており，会社法が会計基準等を尊重することを明示した。

　また，会社法の施行に伴い「利益配当」を「剰余金の配当」とし，配当の原資も利益に限らず資本剰余金にも広げ，配当の決定を取締役会に認め，配当の回数も制限がなくなった。これに関し，企業会計は資本と利益の明確な区分を行い，損益計算を行うことを重視しているが，会社法の施行により，会社法に基づく計算規定と企業会計が大きく乖離することとなった。

　さらに，計算書類において利益処分案の廃止と株主資本等変動計算書の導入が行われた。これにより，これまで表示されなかった項目の増減変化も表示され，アカウンタビリティの面で大きく改善された。

3. 金融商品取引法による会計

金融商品取引法は，1948年に制定された証券取引法を引き継いで2006年に制定された。

金融商品取引法は，有価証券の発行および金融商品の取引を公正にし，有価証券の流通を円滑にし，金融商品の公正な価格形成を図ることによって，国民経済の健全な発展と投資者の保護に資することを目的としている。この法律によって，会社の収益性や配当余力，企業集団の業績といった証券投資の意思決定に重要と思われる情報が開示される。したがって，会社法の特別法であり，かつ開示法の性格を持っており，企業内容等の開示（ディスクロージャー）に関する規制が重要な役割を果たしている。

金融商品取引法により開示される企業情報の中でも，情報内容が豊富で，かつ信頼できる情報が記載されているのが有価証券報告書である。

有価証券報告書は，すでに株式などの有価証券が証券市場で発行済みであり，その株式などの売買が継続して行われている上場会社に開示が求められ，決算日後3カ月以内に開示する義務のある書類である。記載内容は，「企業の概況」「事業の状況」「設備の状況」「提出会社の状況」「経理の状況」などで，情報量が豊富である。財務諸表（親会社に関する個別の財務諸表）は，連結財務諸表（企業グループ全体の財務諸表）とともに「経理の状況」に記載されており，その種類は下表のとおりである。

財 務 諸 表	連結財務諸表
貸借対照表	連結貸借対照表
損益計算書	連結損益計算書[1]
株主資本等変動計算書	連結包括利益計算書[1]
キャッシュ・フロー計算書[2]	連結株主資本等変動計算書
附属明細表	連結キャッシュ・フロー計算書
	連結附属明細表

注1）連結損益計算書と連結包括利益計算書に代えて，連結損益及び包括利益計算書を作成することができる。

注2）連結財務諸表を作成していない会社は，キャッシュ・フロー計算書を開示する。

　金融商品取引法による有価証券届出書や有価証券報告書などに含まれる財務諸表については，内閣府令である「財務諸表等規則」(財務諸表等の用語，様式及び作成方法に関する規則) や「企業会計原則」そして「企業会計基準」などに従って作成されなければならない。

　なお，近年のコンピュータの急速な普及にともない，2001年から「金融商品取引法に基づく有価証券報告書等の開示書類に関する電子開示システム」(Electronic Disclosure for Investors' NETwork：EDINET) とよばれる電子開示システムを通じて有価証券報告書などを提出することができるようになり，投資者も EDINET で提出された有価証券報告書などを閲覧できるようになっている。

MEMO　金融商品取引法ディスクロージャー制度

　開示主義に基づいて一般投資者が自己の責任において合理的な意思決定を行うことができるように，当該事業内容，財務内容などに関する情報を有価証券の発行市場と流通市場の開示手段を通じて完全，適時，公平かつ正確に会社に開示させる制度のこと。

4．法人税法による会計

　法人税は，企業活動の結果，獲得した所得に対して，国が一定の率の課税を行うもので，その課税所得の計算などを規定しているのが法人税法である。しかし，法人税法が財務会計を規制するというものではなく，課税所得計算において財務会計で計算された当期純利益をもとに，法人税法で定められた調整項目を加減することにより課税所得を計算する，確定決算主義がとられている。したがって，会社法上の損益計算と法人税法上の所得計算は密接な関係がある。なお，法人税法以外に法人税法施行令，法人税法施行規則などの法令や通達も定められている。

MEMO　課税所得の計算

　法人税法において，課税所得は（益金－損金）で計算されるが，この益金・損金とは，「別段の定めのある事項」以外の「一般に公正妥当と認められる会計処理の基準に従って計算される」収益・費用であると規定されている。

■章末問題

　次の文は，企業会計原則の一般原則（重要性の原則も含む）におけるどの原則に従っているかどうかを，解答例にならって答えなさい。

〔解答例〕

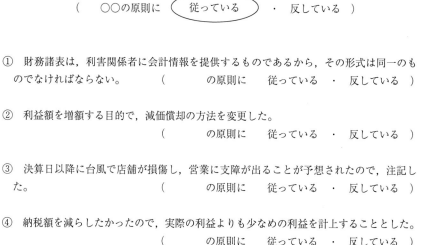

（　　○○の原則に　　従っている　・　反している　）

① 財務諸表は，利害関係者に会計情報を提供するものであるから，その形式は同一のものでなければならない。　　　（　　　　の原則に　　従っている　・　反している　）

② 利益額を増額する目的で，減価償却の方法を変更した。
（　　　　の原則に　　従っている　・　反している　）

③ 決算日以降に台風で店舗が損傷し，営業に支障が出ることが予想されたので，注記した。　　　（　　　　の原則に　　従っている　・　反している　）

④ 納税額を減らしたかったので，実際の利益よりも少なめの利益を計上することとした。
（　　　　の原則に　　従っている　・　反している　）

⑤ 株主へ十分な配当金を支払う必要があったので，資本金を取り崩してその財源に充てた。　　　（　　　　の原則に　　従っている　・　反している　）

⑥ 決算にあたり，事務用ボールペン5本（¥500）が未使用であったので，貸借対照表に消耗品として計上した。なお，この会社の本年度の売上高は¥100,000,000,000である。
（　　　　の原則に　　従っている　・　反している　）

⑦ 複式簿記によって会計帳簿を作成した。
（　　　　の原則に　　従っている　・　反している　）

⑧ 在庫商品の時価が下落したので，下落額を損失として計上した。
（　　　　の原則に　　従っている　・　反している　）

第3章　損益会計

第1節　損益計算の意義

　現代の企業は，継続企業を前提として半永久的に反復的・継続的に経営活動を行っている。企業会計は，企業の経営成績を明らかにするために損益計算を行うが，継続企業を前提としているために，経営活動を人為的に区切り，この区切られた期間ごとに損益を明らかにする期間損益計算が行われている。そしてこの場合の期間は会計期間とよばれ，通常1年である。また，下図のように，この期間のはじまりのことを期首，おわりのことを期末という。

1．財産法と損益法

　損益計算書と貸借対照表は，財務諸表の中でも基本的なものであり，双方とも当該企業の経営活動の結果を明らかにするが，その中でも重要な情報は当期の利益額（損益額）である。損益の計算にあたっては，財産法と損益法とがある。

　財産法は，期末における資産と負債の有高を明らかにして，期末の純資産額を求め，これから期首の純資産額を差し引いて，純損益を計算する方法である。財産法によれば，会計帳簿を用いなくとも，期末の資産と負債の金額を実地棚卸によって明らかにすることにより，純損益額を計算することができ，経営活

動の結果，当該企業の資産，負債および純資産の状況がどうなったかについて知ることもできる。しかし，この方法によっては，損益額の発生原因を明らかにすることができない。

　財産法の計算について，式で表せば次のとおりである。

　まず，資産，負債および純資産の関係は，次のように表される。

資産 － 負債 ＝ 純資産・・・・・純資産（資本）等式

上記の純資産等式の負債を右辺へ移すと次の等式となる。

資産 ＝ 負債 ＋ 純資産・・・・・会計等式または貸借対照表等式

　財産法は，期末の純資産と期首の純資産を比較することで損益を計算する方法であるので，この関係を式で表すと次のとおりである。

期末純資産 － 期首純資産 ＝ 当期純損益

上記の式の期末純資産を分解すると次のようになる。

期末資産 － 期末負債 － 期首純資産 ＝ 当期純損益

　上記の式の期末負債と期首純資産を右辺へ移すと次のようになり，貸借対照表の関係を表すこととなる。

期末資産 ＝ 期末負債 ＋ 期首純資産 ＋ 当期純損益

　これに対して，損益法は 1 会計期間に生じた収益の総額と費用の総額を明らかにして，両者を比較して純損益を計算する方法である。損益法においては，すべての収益と費用とを記録しておく必要があるため，会計帳簿への記録が前提となる。また，純資産の増加原因である収益と純資産の減少原因である費用とがすべて記録されることから，損益額の発生原因を明らかにすることができる。

　損益法の計算について，式で表せば次のとおりである。

収益 － 費用 ＝ 当期純損益

この式は次のように変形することができ，これを損益計算書等式という。

費用 ＋ 当期純損益 ＝ 収益・・・・・損益計算書等式

財産法でも損益法でも当期純損益の計算の結果は同じである。これは収益が生じる場合には，資産が増加するか負債が減少し，費用が生じる場合には資産が減少するか負債が増加するからである。

第2節　損益計算の基本原則

今日の企業活動は，継続的・反復的に営まれ，企業会計も期間別に行われる。このため，損益会計も期間損益計算の方式が用いられる。

期間損益計算を行うには，各期間に帰属する収益と費用をできる限り合理的に認識・測定し（費用収益の計上原則），収益と費用をできる限り期間的に対応させる（費用収益対応の原則）必要がある。

1．費用収益の計上原則

（1）現金主義

現金の支出の事実に基づいて費用を計上し，現金の収入の事実に基づいて収益を計上する考え方である。これは明確な事実に基づき，主観も介入しない点が優れているが，信用取引や固定資産が用いられている今日の企業活動においては，費用・収益を合理的に計上できないという短所がある。

（2）発生主義

現金主義に代わるものが発生主義であるが，まず債権・債務の発生も損益計上の基礎とする半発生主義へ過渡的に移行した。しかし，この考え方ではまだ適正な期間損益計算にとっては不十分であった。その後，現金収支に関係なく，

費用・収益が発生したと合理的に認識し測定できる場合は，すべて当該期間の費用・収益として計上する発生主義という考え方が生まれた。特に，費用は財貨・用役の費消の事実に基づき認識し，費用の計上原則として，発生主義は広く採用されている。

（3）実現主義

　発生主義は収益の計上に際しては問題点を有する。例えば，在庫商品の市場価額が上昇した場合に評価益を計上すると，未実現利益を計上することとなり，この場合，税金や配当金の支払いにつながり，その企業の財務面に影響を及ぼしてしまう。

　そのため，収益に関しては，財貨または用役の販売や給付の事実に基づいて計上する実現主義という考え方が採用されている。

2．費用収益対応の原則

　発生した費用がすべて当期の費用として計上されるわけではない。実現主義により当期に属すると認識された収益に対応する費用のみが当期の費用となる。

　また費用と収益の対応には，売上高と売上原価の対応関係のような直接的対応（個別的対応）と，販売費及び一般管理費のような，何らかのつながりで売上高の獲得に関係しているような間接的対応（期間的対応）とがある（「損益計算書原則」一のC参照）。

第3節　営業収益

　営業収益は，企業の営業活動から生じる商品などの売上収益や建設業における工事収益などである。なお，企業会計原則においては，「損益計算書には，営業損益計算，経常損益計算及び純損益計算の区分を設けなければならない。」（「損益計算書原則」一）と規定されている。

1．営業損益計算

営業損益計算においては，「当該企業の営業活動から生ずる費用及び収益を記載して，営業利益を計算する。」(「損益計算書原則」二のA) とされている。

営業損益項目は，売上高，売上原価，販売費及び一般管理費である。

(1) 売上高

売上高は，企業の主目的たる営業活動である販売活動から生じた売上収益である。売上収益は，商品や製品などの販売や用役の提供によるものである。また，建設業における請負工事の工事収益などもある。

① 収益認識に関する会計基準

企業会計原則は，「売上高は，実現主義の原則に従い，商品等の販売又は役務の給付によって実現したものに限る。」(「損益計算書原則」三のB) と規定し，特に通常の販売の場合は，商品・製品などを取引相手に引き渡し，その対価を現金または現金同等物で受け取った時に，すなわち実現主義をもとに収益認識が行われてきた。

これに対し，2018年3月に企業会計基準第29号「収益認識に関する会計基準」が公表され，2021年4月以降に開始する年度から適用されることとなり，2018年4月以降に開始する会計年度からの早期適用も認められている。

これは収益認識に関する包括的な会計基準がこれまでなかった一方，国際会計基準審議会 (IASB) および米国の財務会計基準審議会 (FASB) が，共同して収益認識に関する包括的な会計基準 (「顧客との契約から生じる収益」(IFRS 第15号)) の開発を行い，世界的に会計処理が統一されようとしているため，これを取り入れる形で制定されたものである (「収益認識に関する会計基準」92項)。

収益認識基準では，基本原則を「約束した財又はサービスの顧客への移転を当該財又はサービスと交換に企業が権利を得ると見込む対価の額で描写するように，収益を認識することである」としており，次の5つのステップを適用する。

（1）顧客との契約を識別する。

（2）契約における履行義務を識別する。

（3）取引価格を算定する。

（4）契約における履行義務に取引価格を配分する。

（5）履行義務を充足した時に又は充足するにつれて収益を認識する。

（「収益認識に関する会計基準」16, 17項）

② 通常の販売

上記（5）のうち，履行義務を充足した時，すなわち一時点で履行義務が充足される取引には販売基準が適用される。

生産コストが抑えられるなどの特徴がある見込み生産が今日主流になっていると，営業活動の成果は不確実なものであるが，販売により得られた対価は，その商品等に対する第三者からの評価が反映された上に，その大きさは現金等により裏付けられるという意味で，収益を得る活動の中でも最も重要で肝心な場面が販売なのである。

なお，国内の販売において，出荷時から当該商品又は製品の支配が検収時など顧客に移転されるまでの期間が通常の期間である場合には，出荷時から当該商品又は製品の支配が顧客に移転される時までの間の一時点（例えば，出荷時や着荷時）に収益を認識することができる（「収益認識に関する会計基準の適用指針」98項）。

また，代金を何回かに分割して回収する契約を締結後，商品を引き渡す割賦販売は，代金の回収期間が長期であることや，代金回収の危険が高いことなどの特徴を有するが，取引開始時点で収益を認識する。

③ 特殊な販売

ア．委託販売

商品の販売を他人に委託する販売方法であり，委託された商品を委託品または積送品という。受託者が最終顧客に委託品を売却したときに収益が実現する

（「収益認識に関する会計基準の適用指針」75項）。受託者は取引の詳細を売上計算書（仕切精算書）などで知らせるが，売上計算書における最終顧客への販売日付が販売時点となる。

≪例3－1≫

　5月21日　淀川商店は，委託販売のために北商店へ商品（原価¥240,000）を積送し，発送運賃¥7,500は現金で支払った。

　　　（借）積　送　品　　247,500　　　（貸）仕　　　　入　　240,000
　　　　　　　　　　　　　　　　　　　　　　現　　　　金　　　　7,500

　5月29日　北商店は上記の積送品を都島商店へ販売し，代金は掛けとした。下記の売上計算書を淀川商店に送付し，同店はこれを受け取った。なお，淀川商店は委託販売に関し，手取額を収益に計上している。

```
              売上計算書
     売上高              ¥310,000
     諸　掛
        保管料    ¥5,000
        手数料    20,000      25,000
     差引手取金           ¥285,000
```

　　　（借）積送売掛金　　285,000　　　（貸）積送品売上　　285,000
　　　　　　仕　　　　入　　247,500　　　　　　積　送　品　　247,500

　6月3日　淀川商店は上記手取金を小切手で受け取った。

　　　（借）現　　　　金　　285,000　　　（貸）積送売掛金　　285,000

　イ．試用販売

顧客に前もって商品を発送して，それを試用させた後，購入するかどうかを

決めてもらう販売方法であり，顧客が買取りの意思表示をした時点で収益が実現する。

≪例3－2≫

試用販売のために，商品¥60,000（原価¥40,000）を西商店に発送した。なお当社は，試用品勘定を用いて手許商品と区分して処理する方法によっている。

（借）試　用　品　　40,000　　（貸）仕　　　入　　40,000

西商店より試用品を買い取りたい旨の連絡を受け，代金は掛けとした。なお，売上計上のつど試用品の原価を仕入勘定に振り替える処理を行っている。

（借）試用売掛金　　60,000　　（貸）試用品売上　　60,000
　　　仕　　　入　　40,000　　（貸）試　用　品　　40,000

ウ．予約販売

事前に予約金を受け取っておき，後日商品の引き渡しを行う販売方法であり，実際に商品を引き渡したときをもって売上収益を計上する。

≪例3－3≫

新商品（売価@¥15,000）の予約販売を始めたところ，5個について申し込みを受け，商品代金は予約金として現金で受け取った。

（借）現　　　金　　75,000　　（貸）前　受　金　　75,000

上記予約商品5個がすべて入荷したので引き渡した。

（借）前　受　金　　75,000　　（貸）売　　　上　　75,000

エ．工事契約

27頁の5つのステップのうち，（5）の履行義務が一定期間にわたり充足される取引であり，建設などの長期の請負工事が該当する。このような取引は，

履行義務の充足に係る進捗度を見積もり，当該進捗度に基づき収益を一定の期間にわたり認識する（「収益認識に関する会計基準」41項）。具体的には，決算期末に工事の進行度合いを見積もり，それに応じた収益を計上する工事進行基準により工事収益が計上される。

　工事進行基準においては，決算日における工事の進捗度の合理的な見積りが必要であるが，インプット法による原価比例法が合理的な見積り方法の1つである。これは，当期末までに発生した工事原価が工事原価総額の見積額に占める割合で工事進捗度を計算する方法である。

≪例3－4≫

　x1年7月25日に工期3年の建設工事（請負総額¥30,000,000，見込まれる工事原価総額は¥25,000,000）を請負った。このときx2年3月31日（決算日）の仕訳は次のとおりである。なお，当期の工事原価として材料費¥3,000,000，労務費¥1,300,000，経費¥700,000が発生している。また，原価比例法を用いて決算日における工事進捗度を見積もり，工事進行基準で会計処理を行っている。

（借）工　事　原　価	5,000,000	（貸）材　　料　　費	3,000,000
		労　　務　　費	1,300,000
		経　　　　　費	700,000
（借）契　約　資　産	6,000,000	（貸）工　事　収　益	6,000,000

$$※　工事収益 = 30,000,000 \times \frac{5,000,000}{25,000,000} = 6,000,000$$

　＊「契約資産」とは，企業が顧客に移転した財またはサービスと交換に受け取る対価に対する企業の権利（ただし，顧客との契約から生じた債権を除く）をいうと定義されている（収益認識会計基準10項）。また，「顧客との契約から生じた債権」とは，「企業が顧客に移転した財又はサービスと交換に受け取る対価に対する企業の権利のうち無条件のもの（すなわち，対価に対する法的な請求権）」（収益認識会計基準12項）である。

　工事の進捗度を合理的に見積もることができない場合は，工事が完成して，引き渡しが完了した日に工事収益を計上する工事完成基準が適用される。ただし，発生する費用を回収することが見込まれる場合には，進捗度を合理的に見積もることができる時まで，回収可能と予想される費用と同額を収益に計上する（「収益認識に関する会計基準」45項）。この処理は原価回収基準と呼ばれる。

　オ．その他

　販売の確実性，販売市場および販売価格の確実性などが備わっていれば，生産物の販売以前に収益の計上が認められている。これを収穫基準あるいは生産基準という。例として，米・麦などの農産物，金・銀などの稀少資源の採掘事業などが挙げられる。

MEMO　ポイント売上

　財やサービスの売り上げのたびにポイントを付与し，顧客が将来ポイントを利用して財やサービスを取得する制度の場合，収益認識基準に基づけば会計処理は次のとおりである。

　当社は売上100円に対して1ポイントを付与し，次の買い物から1ポイント1円として利用できる制度を採用している。当社の今年度の売上高は¥10,000,000で顧客がポイントを利用する確率は85％と見込まれる。なお，売上はすべて現金取引とする。

（借）現　　金　10,000,000　　（貸）売　　上　9,915,716
　　　　　　　　　　　　　　　　　契約負債　　84,284
　※売　　上 ＝ 10,000,000 × 10,000,000 ÷ 10,085,000 ＝ 9,915,716
　契約負債 ＝ 10,000,000 × 85,000 ÷ 10,085,000 ＝ 84,284

翌期は現金売上¥12,000,000，ポイント利用分¥70,000であった。

（借）現　　金　12,000,000　　（貸）売　　上　12,000,000
　　　契約負債　　69,410　　　　　　売　　上　　69,410
　※契約負債 ＝ 84,284 × 70,000 ÷ 85,000 ＝ 69,410

＊契約負債とは，「財又はサービスを顧客に移転する企業の義務に対して，企業が顧客から対価を受け取ったもの又は対価を受け取る期限が到来しているものをいう。」(「収益認識に関する会計基準」11項)

（2）売上原価

売上原価とは，販売された商品などの原価のことであり，次のように計算する。

$$売上原価 ＝ 期首商品棚卸高 ＋ 当期仕入高 － 期末商品棚卸高$$

期首商品棚卸高は，前期の期末商品棚卸高が当期に繰り越されたものであり，期末商品棚卸高は継続記録法を主として適用し，実地棚卸法で補完することで求められる。

適切に売上原価を計算するには，取得原価を今期消費した原価（払出価額）と次期に繰り越す原価（次期繰越高）に配分する必要があるが，このためには数量と単価の計算が必要になる。

① 数量の計算

数量を計算する方法には，継続記録法と棚卸計算法がある。継続記録法は棚卸資産の種類ごとに帳簿を設け，受け入れ，払い出しのたびに商品有高帳などの帳簿に記録し，つねに残高（有高）を明らかにするものである。これに対し棚卸計算法は，実地に棚卸を実施し実際の有高を求め，前期繰越数量と当期仕入数量の合計から控除して，実際の払出数量を計算する方法である。

通常は継続記録法で数量計算を行い，定期的に棚卸計算法を適用し，実際有高が帳簿有高を下回るようであれば，その差額を盗難や紛失などの棚卸減耗費として処理する。

② 単価の計算

同じ商品であっても仕入単価が変動する場合があり，販売された商品にどの

仕入単価を適用して払出単価を算定するかが問題となる。

　そこで一般に，どのような方法で払出単価や期末棚卸商品の価額が算定されているかについて，次の取引例を用いて説明していく。

〔取引例〕

日　付	摘　要	数　量（個）	単　価（円）
10月1日	前月繰越	40	300
8日	仕　入	60	330
14日	売　上	50	
21日	仕　入	50	360
28日	売　上	70	

　ア．個別法

　商品の仕入時に個別に単価を把握しておき，払出しの際に個別に把握した単価を適用するものである。これは確実な方法であるが，手間がかかるため，宝石や貴金属などの棚卸資産に適している。

　イ．先入先出法 (first-in first-out method: FIFO)

　先に仕入れた商品を先に払い出したとみなす方法であり，大部分の商品の動きに即しているので，買入順法ともいわれる。

　取引例によると，10月14日は，単価￥300の商品が40個と単価￥330の商品が10個払い出されたことになり，28日は単価￥330の商品が50個と￥360の商品が20個払い出されたこととなる。したがって，

$$売上原価 ＝（￥300×40個＋￥330×10個)＋（￥330×50個＋￥360×20個)$$
$$＝￥39,000$$

　参考までに，取引例を先入先出法で商品有高帳に記帳した様子は，次のとおりである。

商 品 有 高 帳

（先入先出法）　　　　　　　　A　品　　　　　　　　　　（単位：個）

平成○年		摘　要	受　入　高			払　出　高			残　高		
			数量	単価	金　額	数量	単価	金　額	数量	単価	金　額
10	1	前月繰越	40	300	12,000				40	300	12,000
	8	仕入れ	60	330	19,800				60	330	19,800
	14	売り上げ				40	300	12,000			
						10	330	3,300	50	330	16,500
	21	仕入れ	50	360	18,000				50	360	18,000
	28	売り上げ				50	330	16,500			
						20	360	7,200	30	360	10,800
	31	次月繰越				30	360	10,800			
			150		49,800	150		49,800			
11	1	前月繰越	30	360	10,800				30	360	10,800

　ウ．移動平均法

　単価の異なる商品を受け入れるつど，その数量と金額を，それぞれ残高数量と残高金額に加え，その合計数量で合計金額を割って平均単価を計算し，これをそれ以降の払出単価とし，再び単価の異なる商品を受け入れたら新たな平均単価を算出する方法である。

　取引例によると，10月8日に単価の異なる商品が仕入れられたので，この時点で単価を計算すると，

　　（¥300×40個＋¥330×60個）÷(40個＋60個)＝¥318　となる。

　また10月21日にさらに単価の異なる商品が仕入れられたので，新たな単価を計算すると，

　　（¥318×50個＋¥360×50個）÷(50個＋50個)＝¥339　となる。

　したがって，売上原価は

　　売上原価＝¥318×50個＋¥339×70個
　　　　　　＝¥39,630

エ．総平均法

　１カ月あるいは１年間に受け入れた商品の合計金額（前期繰越高を含めた）をその合計数量で割って平均単価を計算し，これを払出単価とする方法である。

　取引例から，10月に受け入れた商品の合計金額（前期繰越高を含む）を，10月に受け入れた商品の合計数量（前期繰越高を含む）で割ると，平均単価は

$$(¥300 × 40 個＋¥330 × 60 個＋¥360 × 50 個)÷(40 個＋60 個＋50 個)$$
$$= ¥332$$

したがって，売上原価は

$$売上原価 = ¥332 × (50 個＋70 個)$$
$$= ¥39,840$$

オ．売価還元法

　取扱商品の種類が非常に多い小売業などで，期末の実地棚卸時に商品在庫の売価総額を算定し，これに原価率を乗じて期末棚卸額を求める方法である。この場合の原価率は税法によれば，次のように求める。

$$原価率＝\frac{期首繰越商品原価＋当期受入商品原価総額}{売上高＋期末繰越商品売価}$$

④　棚卸減耗と評価損

　期末商品の帳簿残高と実地残高が一致しない場合は実地残高に合わせ，その減少分は棚卸減耗費（棚卸減耗損）で処理する。

　また，期末棚卸商品の正味売却価額が帳簿価額よりも下落した場合には，その差額を棚卸評価損として処理する。この下落の原因として，品質低下，陳腐化，需給の変化などが挙げられる。これらの処理の具体例を次に示す。

≪例３－６≫

　決算にあたり，次の資料に基づいて，棚卸減耗損と棚卸評価損を計算し，必

要な仕訳も示しなさい。

期首商品棚卸高	250個	帳簿価額	@¥45
期末商品帳簿棚卸数量	300個	取得原価	@¥50
期末商品実地棚卸数量	280個	正味売却価額	@¥47

（借）仕　　　　入	11,250	（貸）繰 越 商 品	11,250
（借）繰 越 商 品	15,000	（貸）仕　　　　入	15,000
（借）棚卸減耗損	1,000	（貸）繰 越 商 品	1,840
棚卸評価損	840		
（借）仕　　　　入	1,840	（貸）棚卸減耗損	1,000
		棚卸評価損	840

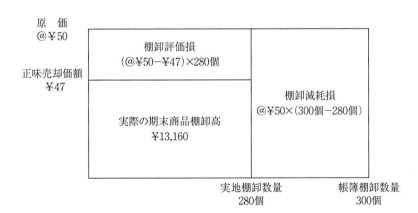

　棚卸減耗損は，通常発生する程度で原価性があれば，損益計算書の売上原価あるいは販売費及び一般管理費の区分に記載され，原価性がない場合は営業外費用又は特別損失の区分に記載される。

　また，棚卸評価損は通常は損益計算書の売上原価の区分に記載され，臨時の事象に起因して金額が大きい場合は特別損失の区分に記載される（「棚卸資産の

評価に関する会計基準」参照）。

（3）売上総利益

　売上高から売上原価を差し引いた差額を，売上総利益という。また，売上原価が売上高を上回る場合は，売上総損失となる。売上総利益は，販売された商品等自体の儲けで，企業の利益の源泉を示し，粗利益ともいわれる。

（4）販売費及び一般管理費

　企業の販売活動および企業の全般的な管理業務のために生じた費用であり，次のようなものがある。販管費とも呼ばれる。

販　売　費	販売員給料，販売手数料，荷造費，運搬費，広告宣伝費，見本費，保管費など
一般管理費	役員給料，事務員給料，手当，賞与，福利厚生費など

　また，減価償却費，修繕費，租税公課，火災保険料も販売費及び一般管理費であるが，販売費と一般管理費に区分することは難しいものがあるので，損益計算書上はこれらの費用はすべて「販売費及び一般管理費」として一括で表示する。

（5）営業利益

　売上総利益（売上総損失）から販売費及び一般管理費を差し引いた差額を，営業利益（営業損失）という。営業利益は，企業の主たる営業活動から得られた利益であり，本業での儲けを示す。

第4節　経常損益計算

　経常損益計算においては，「営業損益計算の結果を受けて，利息及び割引料，有価証券売却損益その他営業活動以外の原因から生ずる損益であって，特別利

益に属さないものを記載し，経常利益を計算する。」(「損益計算書原則」二のB)
とされている。

1．営業外損益

　本来の営業活動には直接結びつかない活動から生ずる損益で，経常的に発生
するもので，営業外収益と営業外費用に分けられる。

（1）営業外収益

営業外収益は，主に金融収益をはじめとする企業の保有する余裕資金の運用
から生じる収益であり，次のようなものがある。

営業外収益	受取利息，有価証券利息，受取配当金，有価証券売却益，有価証券評価益，不動産賃貸料，仕入割引[1]，為替差益，雑収入など

注1）仕入値引や仕入割戻は，商品仕入高の訂正であるから，営業外収益ではなく仕入
　　　高から控除される。

《例3－7》

　×1年7月25日に，淀川商店に対する買掛金を小切手を振り出して支払っ
た。なお，この買掛金は×1年7月15日に仕入れた商品¥300,000にかかるも
ので，「仕入日より2週間以内に支払う場合は，代金の3％分の支払いを免除
する」という条件が付いていた。

（借）買　掛　金	300,000	（貸）当座預金	291,000
		仕入割引	9,000

（2）営業外費用

　営業外費用は，主に資金調達に関連する金融費用や繰延資産の償却額などで
あり，次のようなものがある。

営業外費用	支払利息，社債利息，売上割引¹⁾，手形売却損，社債発行費償却，創立費償却，開業費償却，有価証券売却損，有価証券評価損，為替差損²⁾，雑損失など

注1）売上値引は，営業外費用ではなく売上高から控除される。
注2）外貨建取引を行った場合，本国通貨への換算の問題が生じる。決済差損益と換算差損益は，損益計算書上は区別されず，営業外収益または営業外費用に純額で表示される。

《例 3 － 8 》

　さきに住吉商店から受け取った約束手形￥500,000を取引銀行で割り引き，割引料を差し引かれた手取金￥489,000は当座預金とした。

　　（借）当 座 預 金　　489,000　　（貸）受 取 手 形　　500,000
　　　　手形売却損　　　11,000

（3）経常利益

　営業利益（営業損失）に営業外収益を加え，営業外費用を差し引いた差額を，経常利益（経常損失）という。経常利益は，企業が通常行っている事業の中で経常的に稼得している利益で，主たる営業活動に財務活動を反映した利益であり，経営努力の成果を示す。

第 5 節　純損益計算

　純損益計算においては，「経常損益計算の結果を受けて，前期損益修正額，固定資産売却損益等の特別損益を記載し，当期純利益を計算する。」（「損益計算書原則」2のC）とされている。

1．特別損益

　当該企業の通常の活動とは関係のない活動により，その会計期間にしか発生しない臨時的な損益のことで，特別利益と特別損失が属する。

（1）特別利益

特別利益は，本来の企業活動とは関係のない活動によって臨時的に多額に発生した利益で，次のようなものがある。

特 別 利 益	固定資産売却益，投資有価証券売却益，関係会社株式売却益，子会社株式売却益，貸倒引当金戻入，社債償還益，保険差益，債務免除益，前期損益修正益など

≪例3−9≫

さきに火災により焼失した建物の帳簿価額¥1,800,000を未決算勘定で処理していたが，保険金が¥2,000,000と確定した旨，通知を受けた。

（借）未 収 金	2,000,000	（貸）未 決 算	1,800,000
		保険差益	200,000

（2）特別損失

特別損失は，本来の企業活動とは関係のない活動によって臨時的に多額に発生した損失で，次のようなものがある。

特 別 損 失	固定資産売却損，固定資産除去損，投資有価証券売却損，社債償還損，火災損失，減損損失，前期損益修正損など

≪例3−10≫

さきに火災により焼失した建物の帳簿価額¥1,800,000を未決算勘定で処理していたが，保険金が¥1,500,000と確定した旨，通知を受けた。

（借）未 収 金	1,500,000	（貸）未 決 算	1,800,000
火災損失	300,000		

（3）税引前当期純利益

経常利益（経常損失）に特別利益を加え，特別損失を差し引いた差額を，税引前当期純利益（税引前当期純損失）という。税引前当期純利益は，1年間に会

社が儲けた利益を示す。

（4）法人税等

　当期に課税された法人税・住民税・事業税などのことを「法人税，住民税及び事業税」あるいは「法人税等」といい，損益計算書に計上される。

（5）法人税等調整額

　損益計算書上の法人税等は，必ずしも税引前当期純利益に税率を乗じた金額とはならないが，このようなズレを合理的に期間配分するための会計処理を税効果会計という。

　法人税等調整額に関しては，「繰延税金資産と繰延税金負債の差額を期首と期末で比較した増減額は，当期に納付すべき法人税等の調整額として計上しなければならない。」と定められている（税効果会計に係る会計基準　第二，二，3項）。

　例を以下に示す。

《例 3 － 11》

　決算時に取得原価¥2,000,000の商品について評価損¥300,000を計上したが，このうち¥200,000は税法上損金と認められなかった。なお，税率は30%とする。

　　（借）棚 卸 評 価 損　　300,000　　（貸）繰 越 商 品　　300,000
　　　　　繰延税金資産　　　60,000　　　　　法人税等調整額　　60,000

　　　　＊会計上は商品の評価損を¥300,000計上したが，税法上は¥200,000は評価
　　　　　損と認められなかったので，次の式で算出される¥60,000の税金を前払い
　　　　　することを意味している。

　　　　　　¥200,000 × 30% ＝ ¥60,000

（6）当期純利益

　税引前当期純利益（税引前当期純損失）から法人税等を差し引き，法人税等調整額を加減した額を当期純利益（当期純損失）という。当期純利益は，税金などを差し引いた後の最終的な利益であり，配当に結びつき，設備投資などの原資にもなることから，投資者も注目する利益である。

第6節　包括利益

　国際財務報告基準（IFRS）などにおいて包括利益の表示が行われており，このような国際的な動向に対応するために，わが国においても議論が重ねられ，2013年9月に企業会計基準第25号「包括利益の表示に関する会計基準」が公表された。

　包括利益の表示の導入は，当期純利益に関する情報と併せて利用することにより，企業活動の成果についての情報の全体的な有用性を高めることを目的とするものであり，市場関係者から広く認められている当期純利益に関する情報の有用性を前提とするものであるとされている（「包括利益の表示に関する会計基準」22項）。包括利益は次のように計算される。

$$包括利益 ＝ 純利益 ± その他の包括利益$$

　わが国における包括利益とは，「ある企業の特定期間の財務諸表において認識された純資産の変動額のうち，当該企業の純資産に対する持分所有者との直接的な取引によらない部分をいう。当該企業の純資産に対する持分所有者には，当該企業の株主のほか当該企業の発行する新株予約権の所有者が含まれ，連結財務諸表においては，当該企業の子会社の非支配株主も含まれる。」（「包括利益の表示に関する会計基準」4項）と定められている。またその他の包括利益とは，「包括利益のうち当期純利益に含まれない部分をいう。連結財務諸表におけるその他の包括利益には，親会社株主に係る部分と非支配株主に係る部分が含まれる。」（「包括利益の表示に関する会計基準」5項）とされる。

　すなわち，包括利益は従来の純利益のほかに有価証券の評価差額や繰延ヘッジ損益なども含む概念であり，1 会計期間に生じた純資産の変動額である（ただし，当該企業の株主との直接的な取引は除く）。

《例 3 － 12》
　次の資料により，当期の純利益と包括利益の額を計算する。
　　＜資料＞
　　　期首純資産　　¥5,000,000　　　期末純資産　　¥6,700,000
　　　収 益 合 計　　¥9,500,000　　　費 用 合 計　　¥8,650,000
　　　その他有価証券評価差額金（評価差益）の当期発生額　　¥350,000
　　　新株発行による株主資本の増加額　　　　　　　　¥500,000

　　＜解答＞
　　　純 利 益　＝　収益合計　－　費用合計
　　　　　　　　＝　¥9,500,000　－　¥8,650,000
　　　　　　　　＝　¥850,000
　　　包括利益　＝　純利益　＋　その他有価証券評価差額金（評価差益）の
　　　　　　　　　　　　　　　　当期発生額
　　　　　　　　＝　¥850,000　＋　¥350,000
　　　　　　　　＝　¥1,200,000

　　なお，包括利益は「ある企業の特定期間の財務諸表において認識された純資産の変動額のうち，当該企業の純資産に対する持分所有者との直接的な取引によらない部分」と基準に定められているので，この場合次のようにも計算できる。

　　　包括利益　＝　純資産の変動額　－　新株発行による株主資本の増加額
　　　　　　　　＝（¥6,700,000　－　¥5,000,000）－　¥500,000
　　　　　　　　＝　¥1,200,000

　わが国において包括利益の表示は，連結財務諸表にのみ適用されており，２計算書方式か１計算書方式が認められている。

　２計算書方式は，連結損益計算書を作成し当期純利益を計算し，これとは別に連結包括利益計算書を作成して包括利益を計算する。１計算書方式は連結損益及び包括利益計算書を作成し，その中で当期純利益と包括利益を計算する。

■章末問題

１．次の資料をもとに，先入先出法，移動平均法および総平均法を用いて，それぞれの売上原価を計算しなさい。

日　付	摘　要	数　量（個）	単　価（円）
５月１日	前月繰越	110	60
7日	仕　入	75	70
15日	売　上	135	
20日	仕　入	55	80
29日	売　上	80	

　　　先入先出法 ＝（　　　　　　　　　　　）
　　　移動平均法 ＝（　　　　　　　　　　　）
　　　総 平 均 法 ＝（　　　　　　　　　　　）

２．決算にあたり，次の資料に基づいて，棚卸減耗損と棚卸評価損を計算しなさい。

期首商品棚卸高	1,100 個	帳簿価額	@¥110
期末商品帳簿棚卸数量	1,200 個	取得原価	@¥120
期末商品実地棚卸数量	1,130 個	正味売却価額	@¥116

　　　棚卸減耗損 ＝（　　　　　　　　　　　）
　　　棚卸評価損 ＝（　　　　　　　　　　　）

第4章　損益計算書

第1節　損益計算書の意義と原則

　損益計算書とは，企業の一定期間の経営成績を明らかにするものである。すなわち，その企業がどのくらい儲けたのか，そして儲けるために費用がどれくらいかかったのかということを金額的に示すものである。

1．作成原則
　損益計算書の形式面の主な作成原則として，区分計算表示の原則と総額主義の原則がある。

（1）区分計算表示の原則
　損益計算書には，営業損益計算，経常損益計算および純損益計算の区分を設けなければならないと規定されている（「損益計算書原則」二）。
　また損益計算書の様式として，勘定式と報告式がある。前者は，借方側に費用，貸方側に収益を左右対照して記載する様式で，後者は費用および収益の各項目を上から記載する様式である。会社法では，損益計算書に関して区分表示する項目のみ定められており（「会社計算規則」88条），金融商品取引法では報告式で記載するよう規定されている（「財務諸表等規則」69条2項）。
　勘定式の損益計算書の様式の一例を示すと次のとおりである。

（勘定式）　　　　　　　　　　損益計算書

売 上 原 価	× ×	売 上 高	× ×
販売費及び一般管理費	× ×	営業外収益	× ×
営業外費用	× ×	特 別 利 益	× ×
特 別 損 失	× ×		
法人税・住民税及び事業税	× ×		
当期純利益	× ×		
	× ×		× ×

（2）総額主義の原則

　費用および収益は，その総額によって記載することを原則とするもので，費用の項目と収益の項目とを直接相殺し，その全部または一部を損益計算書から除去してはならないという原則である（「損益計算書原則」一のB）。

第2節 損益計算書の作成例

会社法に基づく報告式の損益計算書の例は，次のとおりである。

損 益 計 算 書
(自 令和×2年4月1日 至 令和×3年3月31日)

(単位：百万円)

科　　　　目	金	額
売　上　高		138,000
売　上　原　価		87,120
売　上　総　利　益		50,880
販売費及び一般管理費		28,390
営　業　利　益		22,490
営　業　外　収　益		
受取利息	641	
受取配当金	387	
有価証券売却益	492	1,520
営　業　外　費　用		
支　払　利　息	3,810	
有価証券評価損	730	4,540
経　常　利　益		19,470
特　別　利　益		
固定資産売却益		790
特　別　損　失		
前期損益修正損		258
税引前当期純利益		20,002
法人税，住民税及び事業税	1,290	
法人税等調整額	690	1,980
当　期　純　利　益		18,022

第3節　損益計算書のまとめ

損益計算書を構成する各部分は次のような意味を有する。

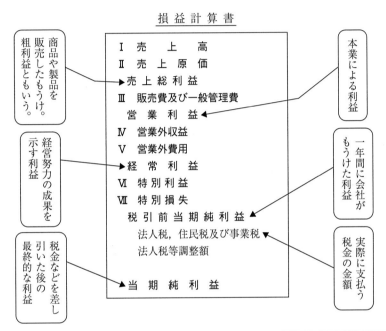

売上原価	販売した商品や製品を仕入れるときに支払った金額や，製造にかかった金額。
販売費及び一般管理費	販売活動を積極的に進めたり，企業全般の管理運営のために生じた費用。
営業外収益	一般的には，受取利息など資金の運用に伴う収益のこと。
営業外費用	支払利息など，主として資金調達に伴う費用。
特別利益	固定資産を処分するなどの臨時的または偶発的な利益などのこと。
特別損失	災害などの臨時的または偶発的な損失などのこと。
法人税等調整額	実際の税金支払額を，会計上，今期に負担すべき金額に調整する項目。

■章末問題

　次の資料をもとに，下記の損益計算書の（　　　　　）内に適当な科目および金額を記入して完成させなさい。

受取配当金　7,900	法人税，住民税及び事業税　2,450	売上高　361,000
固定資産売却益　790	売上原価　288,290	社債利息　150

損 益 計 算 書
（自 令和×2年4月1日　至 令和×3年3月31日）

(単位：千円)

科　　　　目	金　　額	
（　　　　　　　　　）		（　　　　）
（　　　　　　　　　）		（　　　　）
売 上 総 利 益		（　　　　）
販売費及び一般管理費		63,900
営 業 利 益		（　　　　）
営 業 外 収 益		
（　　　　　　　　）	（　　　　）	
有価証券売却益	2,001	（　　　　）
営 業 外 費 用		
支 払 利 息	11,308	
（　　　　　　　　）	（　　　　）	（　　　　）
経 常 利 益		（　　　　）
特 別 利 益		
（　　　　　　　　）		（　　　　）
特 別 損 失		
前期損益修正損		258
税引前当期純利益		（　　　　）
（　　　　　　　　）	（　　　　）	
法人税等調整額	690	（　　　　）
当 期 純 利 益		（　　　　）

第5章　資産会計

第1節　資産の意義と分類

　資産とは，企業の経済活動のための用役潜在力を持ち，貨幣額によって測定できる財貨や権利などをいい，流動資産，固定資産，繰延資産に分類される（「貸借対照表原則」二）。

　また，流動資産と固定資産は正常営業循環基準（normal operating cycle basis）と1年基準（one year rule）によって分類される。

　前者は，企業の主要な営業活動の循環，すなわち，商品・原材料の仕入 → 製品の製造 → 製品・商品の販売 → 代金などの回収 → 商品・原材料の仕入という過程の中に入る資産は，すべて流動資産とするものである。具体的には，現金，受取手形，売掛金，商品，製品などが挙げられる。

　後者は，決算日の翌日から1年以内に現金化されるか費用化される予定の資産を，流動資産とするものである。具体的には，預金，売買目的有価証券，前払費用などが挙げられる。なお，営業循環の過程に入らない資産については，1年基準が適用される。

1．流動資産の意義と分類

　流動資産は，上述のように営業循環過程にある資産か，1年以内に現金化あるいは費用化される資産であり，性質上，次の3つに分類される。

① 当座資産：現金や短期間に現金化することが容易な流動資産。
② 棚卸資産：販売する目的や会社の管理活動のために保有している流動資産で，棚卸によって実際の有高が確認される。

③　その他の流動資産：①と②以外の流動資産で，前払金や未収金などである。

2．固定資産の意義と分類

固定資産は，企業の営業活動のために長期間利用される資産であり，次の3つに分類される。

①　有形固定資産：具体的な形を持つ固定資産であって，主要な営業活動を営むために長期間使用される (tangible fixed asset)。

②　無形固定資産：具体的な形を持たない固定資産であって，主要な営業活動を営むために長期間使用されるもので，大部分は法律上の権利である (intangible fixed asset)。

③　投資その他の資産：長期保有される子会社株式などや，余裕資金の長期的運用のための投資などである。

3．繰延資産の意義

財産価値・換金価値はないが，支出された効果が，その会社の営業活動に数年にわたり，もたらされる資産である。

第2節　資産の評価基準

評価とは，企業の決算時などに貸借対照表に記載する資産の価額を決定することである。

1．評価基準の種類

企業会計原則においては，「貸借対照表に記載する資産の価額は，原則として，当該資産の取得原価を基礎として計上しなければならない。」（「貸借対照表原則」五）とされている。取得原価（歴史的原価）とは，その資産を取得するために支払った対価であるが，これにより資産を評価することは，検証可能な証拠に基づき，確実であり，さらに評価益を計上することがなく，結果的に未実

現利益を排除できることから，評価基準として広く用いられている。

これに対し，市場価額などを用いる時価も評価基準とされ，取替原価（再調達原価）と売却時価に分けられる。前者は，企業が現在保有している資産を再調達するのに必要な価額のことであり，後者は，当該資産を現時点で市場で売却した場合，いくらになるかということである。

さらに割引現在価値があるが，これは当該資産の利用可能期間中に得られると予想される毎年のキャッシュ・フローをそれぞれ一定の割引率で割り引いた金額の合計である。

例えば，1年後の¥1,000,000のキャッシュ・フローを利率5％で割り引くための計算は次のとおりである。

$$¥1,000,000 \times \frac{1}{1+0.05} = 952,381$$

また，2年後の¥1,000,000のキャッシュ・フローを利率5％で割り引くための計算は次のとおりである。

$$¥1,000,000 \times \frac{1}{(1+0.05)^2} = 907,029$$

現行制度においては，取得原価による評価が広く採用されているが，有価証券の評価や減損会計などに関しては，時価（取替原価や売却時価）が用いられる場合がある。そして，時価は公正価値とよばれることもある。

MEMO　公正価値

2010年7月に企業会計基準委員会から公表された公開草案「公正価値測定及び開示に関する会計基準（案）」によると，公正価値とは，「測定日において市場参加者間で秩序ある取引が行われた場合に，資産の売却によって受け取るであろう価格又は負債の移転のために支払うであろう価格（出口価格）をいう。」（第4項）とされ，また「他の会計基準等で『時価』が用いられているときは，『公正価値』と読み替えてこれを適用する」（第3項）として，公正価値の定義を定めようとしている。

第3節　流動資産

1．当座資産（quick asset）

　当座資産には，現金・預金，受取手形，売掛金，有価証券等が含まれる。

（1）現金・預金

　現金には，通貨のほか，他人振り出しの小切手，郵便為替証書，公社債の満期の利札なども含まれる。また預金は，当座預金，普通預金，通知預金，定期預金など1年以内に払い戻される予定のあるものである。現金・預金に関しては，原則として評価問題は生じない。

（2）受取手形・売掛金

　受取手形は，営業取引による代金を手形により受領することで生じる債権であるが，営業外や貸付によって取得した手形は受取手形とはならない。

　売掛金は，営業取引によって生じた売上代金を後日受領することにした債権であり，役務の提供に対する未収入金も含められる。

　受取手形と売掛金を総称して売上債権といい，売上債権の評価額は期末残高から貸倒見積額を控除した金額である。

MEMO　電子手形とクレジット売掛金

　電子手形は，2008年に施行された「電子記録債権法」に基づき利用されるようになった新しい決済のシステムである。紙ベースではなくなるので，手間やコストが低減され，紛失の心配がなく，1円単位で分割でき，印紙税も不要である。ただし，単に従来の手形を電子化したものではない。このような電子記録債権は，主務大臣の指定を受けた電子記録債権管理機関の記録原簿に電子記録されることで効力が発生する。

　仕訳例を示すと次のとおりである。

　売上により得た売掛金￥100に対し発生記録を行い，電子記録債権を発生させた。

　　（借）電子記録債権　　100　　　（貸）売　　掛　　金　　100

　商品仕入れにより生じた買掛金￥100に対し発生記録を行い，電子記録債務を発生させた。

　　（借）買　　掛　　金　　100　　　（貸）電子記録債務　　100

　企業会計基準委員会からも2009年に実務対応報告第27号「電子記録債権に係る会計処理及び表示についての実務上の取扱い」が公表されている。

　なお，従来の紙の約束手形について，経済産業省は2026年をめどに廃止する方針を表明し，このことを産業界に働きかけている。

　一方，クレジットカードによって売り上げた場合の債権は顧客から回収するのではなく，クレジット会社から回収することになり，「クレジット売掛金」で計上する。また，クレジットカード利用によるクレジット会社に対する手数料は，売上時に「支払手数料」として計上する。なお，貸借対照表上は売掛金に含めて表示する。仕訳例を示すと次のとおりである。

　商品￥70,000をクレジットカードで販売した。なお，クレジット会社への手数料は販売代金の1％であり，販売時に認識する。

　　（借）クレジット売掛金　69,300　　（貸）売　　　　　上　　70,000
　　　　支　払　手　数　料　　700

　クレジット会社から上記クレジット売掛金が当座預金に入金された。

　　（借）当　座　預　金　69,300　　（貸）クレジット売掛金　69,300

（3）有価証券

「金融商品に関する会計基準」によると売買目的有価証券とは，「時価の変動により利益を得ることを目的として保有する有価証券」(15項) である。また期末の評価額は時価をもって行い，評価差額は当期の損益として処理する。

MEMO　有価証券

国債，地方債，社債，株式，新株予約権証券，投資信託や貸付信託の受益証券，抵当証券など（「金融商品取引法」2条1項）。

2．棚卸資産

（1）範　囲

次のいずれかに該当するものが，棚卸資産として記載される資産の実体である。

（イ）通常の営業過程において販売するために保有する財貨又は用役

（ロ）販売を目的として現に製造中の財貨又は用役

（ハ）販売目的の財貨又は用役を生産するために短期間に消費されるべき財貨

（ニ）販売活動および一般管理活動において短期間に消費されるべき財貨

　　　（「企業会計原則と関係諸法令との調整に関する連続意見書第四　棚卸資産の評価について」第一の七）

（2）棚卸資産の種類

棚卸資産としては次のようなものが挙げられる。

商　品	商業を営む会社が販売の目的を持って所有する物品であって，当該企業の営業主目的に係るもの。
製　品	工業，鉱業その他商業以外の事業を営む会社が販売の目的を持って所有する製造品その他の生産品であって，当該企業の営業主目的に係るもの。
半製品	中間的製品としてすでに加工を終り，現に貯蔵中のもので販売できる状態にあるもの。
仕掛品	製品，半製品または部分品の生産のために現に仕掛中のもの。
原料及び材料	製品の製造目的で費消される物品で未だその用に供されないもの。
消耗品	燃料，油，釘，包装材料その他事務用品等の消耗品。
消耗工具・器具・備品	耐用年数1年未満または耐用年数1年以上で相当価額未満の工具，器具および備品のうち，取得のときに経費または材料費として処理されなかったもので貯蔵中のもの。
貯蔵品	燃料，油等で製品の製造のため補助的に使用されるもの（補助材料をいう）。

（「財務諸表等規則ガイドライン」15条）

（3）棚卸資産の取得原価

　棚卸資産の取得原価は，購入代価に付随費用を加えた金額とし，自社で製造した場合は，製造のために要した製造原価とする。

　適切に損益計算を行うには，取得原価を今期消費した原価（払出価額）と次期に繰り越す原価（次期繰越高）に配分する必要があるが，このためには数量と単価の計算が必要になる（この詳細は，第3章第3節1.の（2）参照）。

3．その他の流動資産

　流動資産のうち，当座資産と棚卸資産以外には次のようなものがある。

未収収益	一定の契約にしたがって役務を継続して提供している場合，すでに提供した役務に対する未収額のことで，未収家賃や未収利息などがある。
未収金	不要になった備品の売却代金のように，本来の営業取引以外の取引によって生じた債権である。
前払費用	一定の契約にしたがって役務を継続して受けている場合，まだ受けていない役務に対する前払額のことで，前払家賃や前払保険料などがある。
前払金 （前渡金）	商品などの仕入れ代金の一部を手付金などで前もって取引先に支払った額である。
短期貸付金	決算日の翌日から1年以内に返済する約束で，資金を貸し付けた場合の貸付額である。
立替金	取引先や従業員などに対して，一時的に金銭を立て替えた場合の債権のこと。従業員に対するものは，従業員立替金を用いる場合もある。
繰延税金資産	税効果会計の適用により，将来の法人税等の支払額を減額する効果を持つ，法人税等の前払額であり，ここでは流動資産に関連するものである。

第4節　固定資産

1．有形固定資産の意義と種類

　有形固定資産は，長期間にわたって企業の営業活動のために利用される，具体的形態を有する資産であり，次のようなものがある。

建　物	店舗，工場，事務所など営業用の建物であり，冷暖房，照明，エレベーターなどの付属物も含む。
構築物	土地に定着する建物以外の設備などで，橋，塀，岸壁，煙突，ドックなど。
機械装置	各種機械，大型装置，クレーンなどの搬送設備など。
船　舶	旅客船，貨物船，漁船などの水上運搬具。
車両運搬具	自動車，鉄道車両などの陸上運搬具。
工具器具備品	工場で用いられる道具と事務所等で用いられる机や事務機械などで，耐用年数が1年以上で，相当額以上の金額のものである。
土　地	店舗や工場の敷地などで，営業用に用いられる土地である。
建設仮勘定	建物，機械装置などの建設に要した前払額などを一時的に処理する勘定である。

≪例 5 － 1 ≫

　建設仮勘定の会計処理を例示すると次のとおりである。

　店舗￥30,000,000の建設を依頼し，請負代金のうち契約時支払分￥10,000,000を小切手を振り出して支払った。

　　　（借）建 設 仮 勘 定　　10,000,000　　　（貸）当 座 預 金　　10,000,000

　上記の建物が完成し，引き渡しを受けたので，残額￥20,000,000を小切手を振り出して支払った。

　　　（借）建　　　　　物　　30,000,000　　　（貸）建 設 仮 勘 定　　10,000,000
　　　　　　　　　　　　　　　　　　　　　　　　　　　当 座 預 金　　20,000,000

（1）リース資産

　「リース取引に関する会計基準」によると，リース取引とは，特定の物件の所有者たる貸手（レッサー）が，当該物件の借手（レッシー）に対し，合意された期間（リース期間）にわたりこれを使用収益する権利を与え，借手は，合意された使用料（リース料）を貸手に支払う取引と定められている。

　リース取引は，ファイナンス・リース取引とオペレーティング・リース取引に分類されるが，前者によりリース物件を取得した場合は，「借手は，リース取引開始日に，通常の売買取引に係る方法に準じた会計処理により，リース物件とこれに係る債務をリース資産及びリース債務として計上する」（「リース取引に関する会計基準」10項）と定められている。そして，「リース資産及びリース債務の計上額を算定するにあたっては，原則として，リース契約締結時に合意されたリース料総額からこれに含まれている利息相当額の合理的な見積額を控除する方法による。当該利息相当額については，原則として，リース期間にわたり利息法により配分する。」（「リース取引に関する会計基準」11項）とされている。

　なお，「オペレーティング・リース取引については，通常の賃貸借取引に係る方法に準じて会計処理を行う。」（「リース取引に関する会計基準」15項）。

≪例5－2≫

　下記の条件で備品のファイナンス・リース取引の契約を結んだ。

　　リース期間　　5年

　　借手の見積現金購入価額　　¥24,000

　　年間リース料　　¥5,543　　支払日は毎年3月31日

　　リース料総額　　¥27,715

　　借手の減価償却方法　　定額法　　耐用年数はリース期間とする

　　貸手の見積もり残存価額はゼロ

　　リース取引開始日　　×1年4月1日

　　決算日　　3月31日

　　なお，リース料総額の現在価値より借手の見積現金購入価額の方が低く，利息相当額算定に必要な利子率は年5％となった。

（リース開始日）

　　（借）リース資産　　24,000　　（貸）リ　ー　ス　負　債　24,000

（第1回支払日及び決算日）

　　（借）リース負債　　4,343　　（貸）現　金　預　金　5,543
　　　　　支　払　利　息　1,200
　　（借）減価償却費　　4,800　　（貸）減価償却累計額　4,800

　　　　＊1,200 = 24,000 × 5%
　　　　＊4,343 = 5,543 − 1,200
　　　　＊4,800 = 24,000 ÷ 5年

（第2回支払日及び決算日）

　　（借）リース負債　　4,560　　（貸）現　金　預　金　5,543
　　　　　支　払　利　息　983

（借）減 価 償 却 費　　4,800　　　（貸）減価償却累計額　　4,800

　　　　＊983 ＝ （24,000 － 4,343）× 5%

　　　　　　　　　　　　　・

　　　　　　　　　　　　　・

　　　　　　　　　　　　　・

（最終回支払日及び決算日，リース物件の返却）

（借）リ ー ス 負 債　　5,279　　　（貸）現 金 預 金　5,543
　　　支 払 利 息　　　 264
（借）減 価 償 却 費　　4,800　　　（貸）減価償却累計額　　4,800
（借）減価償却累計額　24,000　　　（貸）リ ー ス 資 産　24,000

MEMO　ファイナンス・リース

　リース契約に基づくリース期間の中途において当該契約を解除することができないリース取引又はこれに準ずるリース取引で，借手が，当該契約に基づき使用する物件からもたらされる経済的利益を実質的に享受することができ，かつ，当該リース物件の使用に伴って生じるコストを実質的に負担することとなるリース取引をいう。なお，ファイナンス・リース取引以外のリース取引をオペレーティング・リース取引という（「リース取引に関する会計基準」5項，6項より）。

2．有形固定資産の取得原価

　有形固定資産を購入したときは，その買入価額に付随費用（引取運賃，据付費，関税など）を加えた額を取得原価とする。

≪例5－3≫

　機械装置￥3,000,000を購入し，代金は月末払いとした。なお，引取運賃￥250,000は小切手を振り出して支払った。

　（借）機械装置　　3,250,000　　　（貸）未 払 金　3,000,000
　　　　　　　　　　　　　　　　　　　　　　当座預金　　250,000

　なお，購入以外で取得した場合の取得原価は，次のとおりである。

取得方法	取　得　原　価
自家建設	適正な原価計算基準によって算定された製造原価
現物出資	出資者に対して交付された株式の発行価額
交　換	相手に引き渡した当該固定資産の適正な簿価等
贈　与	公正な評価額

3．減価償却

　建物などの有形固定資産は，使用または時の経過などによって，その価値が減少していくが，これを減価という。

　減価額を実際に測定することは難しいので，有形固定資産の場合は，その取得原価をもとに一定の方法で費用として配分する。この一連の手続きを減価償却という。

（1）減価の原因

　減価の発生原因は，物質的減価と機能的減価に分けられる。前者は，利用による摩耗や時の経過による老朽化などであり，後者としては，技術の進歩などにより，当該資産が利用可能であるにもかかわらず採算が取れなくなるなどの陳腐化と，需要の変化や経営方針の変化などにより当該資産の機能が十分に発揮できないなどの不適応化がある。

（2）減価償却費の計算

　減価償却費の計算には，次のような要素が必要である。

① 取得原価

　上記2で述べた，いずれかの基準により決定する。

② 耐用年数

当該資産の使用可能年数であり，実務では税法で定められている年数が用いられる。なお理論的には，当該資産の総利用可能量（利用時間や利用距離など）のうち当期の利用度に比例させて減価償却を行うのが望ましいが，あらかじめ総利用可能量を定めることはむずかしいので，耐用年数が一般に用いられる。

③ 残存価額

資産の耐用年数が経過後の処分可能の見込額であり，従来，税法により取得原価の10％とされていたが，税制改正により2007年4月1日以降は残存価額ゼロとして減価償却費を計上できるようになった。ただし，実際には備忘価額である1円になるまで減価償却する。

この改正は，企業における資産の利用の実態を反映したものであり，減価償却費が増額することにより設備投資を促進し経済を活性化させる措置である。

（3）計算方法

① 定額法

有形固定資産の取得原価から残存価額を控除した額を耐用年数で除す計算方法であり，毎期一定額が減価償却されることになる。

$$減価償却費 = \frac{取得原価 - 残存価額}{耐用年数}$$

② 定率法

有形固定資産の取得原価からこれまですでに償却した額を控除した「未償却残高」に一定の償却率を乗じて計算する方法であり，年数の経過につれて減価償却費が減少していくことになる。

$$減価償却費 = 期末の未償却残高 \times 償却率$$

$$償却率 = 1 - \sqrt[耐用年数]{\frac{残存価額}{取得原価}}$$

③　級数法

　資産の耐用年数を1から当該耐用年数までの各年度の年数を合計した数値を分母とし，各年度の期首における残存耐用年数を分子とした割合を償却率として，毎年，それを取得原価から残存価額を控除した金額に乗じて算定する。

≪例5－4≫

　耐用年数5年の資産の2年目の減価償却費を計算する場合は，次のとおりである。

$$減価償却費 = \frac{取得原価 - 残存価額}{5+4+3+2+1} \times 4$$

④　生産高比例法

　資産の利用度に比例して原価が生ずる場合に用いる方法であり，次のように計算する。

　　減価償却費 ＝（取得原価－残存価額）× 当期の利用量 ÷ 総利用可能量

　これは資産の総利用可能量が合理的に推定できる航空機などに適用される。

（4）減価償却の記帳方法

（直接法）

　これは算出された減価償却費を減価償却費勘定の借方に記入するとともに，当該資産勘定の貸方に記入する方法である。

　　（借）減価償却費　　××　　　（貸）備　　　品　　××

（間接法）

　借方は直接法と同様に記入するとともに，減価償却累計額の貸方にも記入する方法である。

（借）減 価 償 却 費 ××　　　（貸）備品減価償却累計額　　××

（5）税法改正後の減価償却の計算方法

　2007年4月1日以降に取得した固定資産の減価償却方法は，税法の改正により変更された。すなわち，残存価額が1円になるまで償却が認められるようになった。また，定率法に関しては，まず2007年4月1日以降に取得した固定資産については，償却率が定額法の償却率の原則2.5倍に設定され，さらに2012年4月1日以降に取得した固定資産に関しては2.0倍に設定することとなった。以下で，改正後の定額法と定率法の計算方法を示す。なお，改正後の償却率に関しては，次ページの表を参照されたい。

　①　定額法

　資産の耐用年数にわたり毎期均等額を減価償却する方法で，次のように計算する。

　　　減価償却費 ＝ 取得原価 × 定額法の償却率

≪例5－5≫

　取得原価￥1,000,000，耐用年数6年の備品の減価償却費を定額法で計算しなさい。ただし，償却率は0.167である。

　　　減価償却費 ＝ 1,000,000 × 0.167 ＝ 167,000

　②　定率法

　資産の未償却残高に毎期一定の償却率を乗じた額を減価償却する方法で，次のように計算する。

　　　減価償却費 ＝ 未償却残高 × 定率法の償却率
　　　未償却残高 ＝ 取 得 原 価 － 減価償却累計額

≪例 5 － 6≫

2012 年 4 月 1 日に取得した備品（取得原価¥1,000,000, 耐用年数 6 年）の減価償却費を定率法で計算しなさい。なお, 決算日は 3 月 31 日であり, 償却率は0.333, 改定償却率は0.334, そして保証率は0.09911であり, 小数点以下は四捨五入する。

年 数	未償却残高（取得原価）	減価償却費	減価償却累計額
1	1,000,000	333,000 [1]	333,000
2	667,000	222,111 [2]	555,111
3	444,889	148,148	703,259
4	296,741	99,111 [3]	802,370
5	197,630	99,111	901,481
6	98,519	98,518 [4]	999,999

注 1) $1,000,000 \times 0.333 = 333,000$

注 2) $(1,000,000 - 333,000) \times 0.333 = 222,111$

注 3) 実際の計算では, $(1,000,000 - 703,259) \times 0.333 = 98,815$ であるが, これは償却保証額 $(1,000,000 \times 0.09911 = 99,110)$ に満たないので, 改定取得価額 (296,741 円) に改定償却率 (0.334) を乗じた額がこれ以降の減価償却費となる。

注 4) 6 年目の計算上の減価償却費は99,111 円であるが, 残存価額が 1 円となるので, 結果として実際の減価償却費は98,518 円となる。

≪資料≫

2012 年 4 月 1 日以降に取得した減価償却資産の償却率

耐用年数	定額法の償却率	定率法の償却率	改定償却率	保証率
2	0.500	1.000		
3	0.334	0.667	1.000	0.11089
4	0.250	0.500	1.000	0.12499
5	0.200	0.400	0.500	0.10800
6	0.167	0.333	0.334	0.09911
7	0.143	0.286	0.334	0.08680
8	0.125	0.250	0.334	0.07909
9	0.112	0.222	0.250	0.07126
10	0.100	0.200	0.250	0.06552

（「耐用年数省令別表」第 8 および第10をもとに耐用年数10年までを作成）

66

（6）減価償却の自己金融効果

　減価償却は上記のように資金の支出を伴わない費用として商品などの売上原価に算入されるが，それらが販売されることにより資金を回収することができる。すなわち，当該資産を取得するために支出された資金は，減価償却の手続きにより回収され，その分の資金を企業内に留保する役割を果たし，この資金は新たな固定資産を取得するために投下されたり，しばらく企業内に留保されたりする。このように，減価償却を通じて資金が回収される効果を減価償却の自己金融効果という。

4．減　損（impairment accounting）

　ある設備（固定資産）を使って製造した製品が市場環境の変化などにより，売上げが不振となるような場合，使用中の固定資産のキャッシュ・フロー生成能力が低下し，この固定資産の使用価値は帳簿価額よりもかなり低くなっている。したがって，固定資産の帳簿価額を回収可能な額まで減額しなければならない。このように帳簿価額を減額させる会計処理が減損会計である。

　減損会計は，次のように行われる。

①　減損の兆候の把握

　減損が生じている可能性を示す事象を判断する。

②　減損損失の認識

　資産から得られる割引前将来キャッシュ・フローの総額が帳簿価額を下回る場合には，減損損失を認識する。

③　減損損失の測定

　減損損失を認識すべきであると判定された資産については，帳簿価額を回収可能価額まで減額し，当該減少額を減損損失として当期の損失とする。

（「固定資産の減損に係る会計基準」二）

　ここで回収可能価額とは，使用価額（割引現在価値）あるいは正味売却価額のいずれか大きい方のことである。

≪例5－7≫

　機械（取得原価￥5,000,000，減価償却累計額￥3,000,000）について減損の兆候が見られるので，当期末に将来キャッシュ・フローを予測したところ，残り3年の耐用年数の各年に下表のようなキャッシュ・フローを生じ，使用後の処分収入は￥250,000であると見込まれた。

　また，この機械の現時点での正味売却価額は￥1,100,000で，計算に用いる割引率は5％とする。

残存耐用年数	キャッシュ・フローの予測額
3年	￥500,000
2年	￥400,000
1年	￥300,000

（計算の考え方）

$$使用価額_{（割引現在価値）} = \frac{500,000}{(1+0.05)} + \frac{400,000}{(1+0.05)^2} + \frac{300,000+250,000}{(1+0.05)^3}$$

$$= 476,190 + 362,812 + 475,111$$

$$= 1,314,113$$

　使用価額（割引現在価値）＞正味売却価額であるので，使用価額（割引現在価値）を用いる。

　ゆえに，減損損失＝(5,000,000 － 3,000,000) － 1,314,113 ＝ 685,887

　　（借）減損損失　　685,887　　　（貸）機械装置　　685,887

5．固定資産の除却と売却

　固定資産が使用できなくなると，当該資産を帳簿から取り除くが，これを除却という。また，固定資産を売却したり買い換えた場合は，その帳簿価額と売却価額との差額を，固定資産売却益勘定または固定資産売却損勘定に記入する。

≪例 5 － 8 ≫

（処分価値のある備品を除却する場合）

  （借）備品減価償却累計額　　×× 　　（貸）備　　　　　　品　××
        貯　　蔵　　品　　××
        固 定 資 産 除 却 損　　××

6．表　示

　有形固定資産は，原則として，各資産ごとに，取得原価から減価償却累計額を控除する形で表示する。減損損失累計額も同様に扱われる。

7．無形固定資産の意義と種類

　無形固定資産は，法律上の権利，コンピュータのソフトウエア制作費，およびのれんに大別され，その利用期間にわたり償却しなければならない。一般には残存価額ゼロで定額法で償却する。

（1）法律上の権利

権利名	税法上の耐用年数
特許権	8年
商標権	10年
意匠権	7年
借地権	（非償却資産）
鉱業権	内容別に5年・8年など

（2）ソフトウエア

　ソフトウエアのうち，量販目的の製品マスターの制作後に行われる通常の改良に要した費用や自社利用目的で購入や自社制作したもので，将来の収益獲得や費用削減が確実な場合の購入費や製作費は無形固定資産として計上される。ソフトウエアは内容別に3年あるいは5年で定額法で償却する（「研究開発等に係る会計基準」四の4）。

（3）のれん

　他の企業の収益力を上回る収益力（超過収益力）をのれん（営業権）という。のれんは，合併や買収によって受け入れる純資産額を上回る対価を支払った場合，その超過額がのれんとして計上され，20年以内のその効果の及ぶ期間にわたって，定額法その他の合理的な方法により規則的に償却する（「企業結合に関する会計基準」32項）。

　支払対価が受け入れ純資産額を下回る場合は，その差額を「負ののれん」とする。

8．投資その他の資産

　投資その他の資産には，「子会社株式その他流動資産に属しない有価証券，出資金，長期貸付金並びに有形固定資産，無形固定資産及び繰延資産に属するもの以外の長期資産」（「貸借対照表原則」四の（1）B）が属する。主なものは，次のとおりである。

関係会社株式	子会社株式と関連会社株式のことである。ともに期末には取得原価で評価される。
投資有価証券	満期保有目的債券[1]とその他有価証券[2]のことである。
出資金	組合・信用金庫など株式会社以外への出資を扱う。
長期貸付金	貸借対照表日の翌日から起算して返済期限が1年をこえて到来する貸付金である。
長期前払費用	前払費用のうち，貸借対照表日の翌日から起算して1年をこえた後に費用となるものである。

注1）満期保有目的債券について，取得原価が券面額と異なり，かつ，その差異が金利の調整と認められる場合には，償却原価法を適用する。これは，取得原価と券面額の差額を償還期だけの利益（または損失）としないで，それを当該債券の所有期間に配分し，各期間別の損益計算書を正しく行うためである。

　　（仕訳例）（借）満期保有目的債券　××　　（貸）有価証券利息　××

注2）その他有価証券は，売買目的有価証券，満期保有目的債券，子会社株式および関連会社株式以外の有価証券で，期末には時価で評価される。

注3）満期保有目的債券，子会社株式および関連会社株式ならびにその他有価証券の時価が著しく下落した場合には，時価まで強制評価減が行われる。

第5節　繰延資産

　繰延資産とは，「すでに代価の支払が完了又は支払い義務が確定し，これに対応する役務の提供を受けたにもかかわらず，その効果が将来にわたって発現するものと期待される費用」（「企業会計原則注解」[注15]）である。換金価値を有しておらず支払手段としては利用できないが，その効果が及ぶ会計期間に合理的に配分することで期間損益計算を正しく行うために計上される擬制的資産であるといわれる。

　企業会計基準委員会・実務対応報告第19号「繰延資産の会計処理に関する当面の取り扱い」によれば，以下の5項目を繰延資産として取り扱っているが，原則は支出時費用処理としている。

1．創立費

　会社の負担に帰すべき設立費用などであり，定款等の作成費用，株式募集その他のための広告費，目論見書・株券等の印刷費，創立総会に関する費用，発起人の報酬として支出した額および設立登記のために支出した総額などのことである。繰延資産とする場合は，会社成立後5年以内に，定額法により償却しなければならない。

≪例5－9≫

　会社の設立にあたり，定款の作成費用など¥500,000を現金で支払った。

　　　（借）創　立　費　500,000　　　（貸）現　　　金　500,000

　決算にあたり，上記の創立費について，5分の1を償却した。

　　　（借）創立費償却　100,000　　　（貸）創　立　費　100,000

2．開業費

　会社成立後，営業開始までに支出した開業準備のための費用であり，土地・建物等の賃借料，広告宣伝費，通信交通費，使用人の給料，電気・ガス・水道料等である。開業のときから5年以内に，定額法により償却しなければならない。

3．開発費

　新技術または新経営組織の採用，資源の開発，市場の開拓などのために支出した費用，設備の大規模な配置替えを行った費用等で，経常的なものは含まない。支出のときから5年以内に，定額法その他の方法により償却しなければならない。

4．株式交付費

　株式募集のための広告費，証券会社の取扱手数料など株式の交付等のために直接支出した費用である。株式交付のときから3年以内に，定額法により償却しなければならない。

5．社債発行費等

　社債募集のための広告費，証券会社の取扱手数料など社債発行のために直接支出した費用である。社債の償還期間にわたって，利息法（ただし，継続適用を条件として定額法も可）で償却しなければならない。

■章末問題

1. 次の取引を仕訳しなさい。
① 機械の建設を¥20,000,000で請け負わせ，請負代金の一部¥5,000,000を小切手を振り出して支払った。
② 上記の機械が完成し，引き渡しを受けたので，請負代金の残額を小切手を振り出して支払った。
③ 株式募集のための諸費用¥1,200,000を小切手を振り出して支払った。
④ 決算にあたり，上記の株式交付費について，3分の1を償却した。

2. 2012年4月1日に取得した備品（取得原価¥3,000,000，耐用年数5年）について，定額法（償却率0.200）と定率法（償却率0.400，改定償却率0.500，保証率0.10800）の減価償却費をそれぞれ計算しなさい。なお，決算日は3月31日であり，定率法については，小数点以下は四捨五入する。

定額法＝（　　　　　　　　　　　　）

定率法

年　数	減価償却費
1	
2	
3	
4	
5	

3. 機械（取得原価¥15,000,000，減価償却累計額¥11,500,000）について減損の兆候が見られるので，当期末に将来キャッシュ・フローを予測したところ，残り3年の耐用年数の各年に下表のようなキャッシュ・フローを生じ，使用後の処分収入は¥450,000であると見込まれた。
　また，この機械の現時点での正味売却価額¥2,650,000で，計算に用いる割引率は5％とする。この時の減損損失額を計算しなさい。

残存耐用年数	キャッシュ・フローの予測額
3年	¥900,000
2年	¥800,000
1年	¥700,000

第6章　負債会計

第1節　負債の意義と分類

　負債とは，一般に企業の将来における支払義務（債務）で，貨幣額によって合理的に測定でき，その大部分は，金銭の支払い，物品の引渡し，そして役務の提供に関する債務からなる。負債は，流動負債と固定負債に分類され（「貸借対照表原則」二），資産と同様に正常営業循環基準と1年基準が分類の基準となる。

　なお，負債の属性に着目すると，法的債務と債務性なき負債とに分けられる。前者は，確定債務と条件付債務からなり，後者は期間損益計算目的のために設定される負債である。

第2節　流動負債の種類

　流動負債には，次のような金銭債務とその他の負債が含まれる。

1. 支払手形・買掛金

　支払手形は，営業取引によって約束手形を振り出すか為替手形を引き受けた場合に生じる債務であるが，営業外や借入によって譲渡した手形は支払手形とはならない。

　買掛金は，営業取引によって生じた仕入代金や役務の提供に対する未払額を，後日支払うことにした債務である。また，支払手形と買掛金を総称して仕入債務という。

上記以外の主な流動負債は次のとおりである。

未払費用	一定の契約にしたがって継続して役務の提供を受ける場合，すでに提供を受けた役務に対する未払額のことで，未払家賃や未払利息などがある。
未払金	固定資産や有価証券などの買入代金のように，本来の営業取引以外の取引によって生じた債務である。
前受収益	一定の契約にしたがって役務を継続して提供する場合，まだ提供していない役務に対する前受額のことで，前受家賃や前受保険料などがある。
前受金	商品などの売上代金の一部を手付金などで前もって取引先から受け取った額である。
短期借入金	決算日の翌日から1年以内に返済する約束で，資金を借り入れた場合の借入額である。
預り金	取引先などから一時的に金銭を預かった場合のものや従業員・役員の給料などから控除した社会保険料や所得税などのことである。
繰延税金負債	税効果会計の適用により，将来の法人税等の支払額を増額する効果を持つ，法人税等の未払額であり，ここでは流動負債に関連するものである。

第3節　固定負債の種類

1．長期借入金

　決算日の翌日から1年を超えて返済期限が到来する借入金である。ただし，分割返済の定めのある長期借入金のうち，期限が1年以内に到来するもので重要性の乏しいものについては，固定負債として表示することができる（「企業会計原則注解」[注1]）。

2．社　債

　社債を発行して広く資金を借り入れた場合，その債務を表す勘定であり，すべての会社が発行可能である。会社法では，普通社債，転換社債，新株予約権付社債の3種類がある。社債は償還期間が定められており，償還日に額面金額

を支払わなければならず，一般に6カ月ごとに利息も支払わねばならない。

　社債は金融機関からの借入金とは異なり，市場から資金調達が行われることとなる。社債を発行するメリットとしては，借入れの利率を低く設定できたり，額面金額の償還時期（返済時期）を恣意的に設定でき，さらには社債には議決権は付与されていないので，発行しても経営権への影響はない等が挙げられる。

　社債の発行方法には，額面金額と同額で発行される平価発行，額面金額以下で発行される割引発行，そして額面金額以上で発行される打歩発行があるが，一般には割引発行が多い。そして，「社債を社債金額より低い価額又は高い価額で発行した場合など，収入に基づく金額と債務額とが異なる場合には，償却原価法に基づいて算定された価額をもって，貸借対照表価額としなければならない。」（「金融商品に関する会計基準」26項）とされている。

≪例6－1≫

　額面金額¥30,000,000（償還期間5年，利率年5.5%，利払いは6月末と12月末の年2回）の社債を額面¥100につき¥98で発行し，払込金額は当座預金とした。

　　（借）当座預金　　29,400,000　　　（貸）社　　債　　29,400,000

　　　　＊社債の払込額 ＝ 社債額面金額 × ¥100当たりの発行価額 ÷ ¥100
　　　　　　　　　　　　＝ ¥30,000,000 × ¥98 ÷ ¥100
　　　　　　　　　　　　＝ ¥29,400,000

　上記の社債について6カ月分の利息を，小切手を振り出して支払った。

　　（借）社債利息　　　825,000　　　（貸）当座預金　　　825,000

　　　　＊社債利息 ＝ 社債額面金額 × 年利率 × 経過月数 ÷ 12カ月
　　　　　　　　　　＝ ¥30,000,000 × 5.5% × 6カ月 ÷ 12カ月
　　　　　　　　　　＝ ¥825,000

3．社債の償還

　社債は償還期限に全額を償還する満期償還と償還期限前に一部を償還する随時償還があり，後者は抽選償還と買入償還が広く行われている。抽選償還は，分割して償還する社債を抽選によって決める方法であり，買入償還は，発行した社債を市場価格で買い入れる方法である。

≪例6－2≫

　例6－1の社債のうち，¥10,000,000を発行後4年目の初めに¥99で買入償還し，小切手を振り出して支払った。この社債の額面金額と払込金額との差額については，償却原価法（定額法）により，毎期適正に処理している。

　　　（借）社　　　　債　　9,920,000　　　（貸）当 座 預 金　　9,900,000
　　　　　　　　　　　　　　　　　　　　　　　　社債償還益　　　　20,000

$$*\,4年目の社債の帳簿価額$$

$$= 発行価額 \ ¥30,000,000 \times ¥98 \div ¥100 + \frac{(30,000,000 - 29,400,000)}{5\,年} \times 3\,年$$

$$= ¥29,760,000$$

$$*\,償還した社債の帳簿価額 = ¥29,760,000 \times \frac{10,000,000}{30,000,000} = ¥9,920,000$$

$$*\,買入のために支払う金額（当座預金）= ¥10,000,000 \times ¥99 \div ¥100$$
$$= ¥9,900,000$$

　償却原価法とは，金融資産または金融負債を債権額または債務額と異なる金額で計上した場合において，当該差額に相当する金額を弁済期または償還期に至るまで毎期一定の方法で取得価額に加減する方法をいう。なお，この場合，当該加減額を受取利息または支払利息に含めて処理する。

4．リース債務

　ファイナンス・リース取引における，借手のリース物件に係る債務のこと。リース債務については，貸借対照表日後1年以内に支払の期限が到来するもの

は流動負債に属するものとし，貸借対照表日後1年を超えて支払の期限が到来するものは固定負債に属するものとする。

5．資産除去債務

「資産除去債務に関する会計基準」によれば，有形固定資産の取得，建設，開発または通常の使用によって生じ，当該有形固定資産の除去に関して法令または契約で要求される法律上の義務およびそれに準ずるものをいう。除去の具体的な態様としては，売却，廃棄，リサイクルその他の方法による処分等が含まれるが，転用や用途変更は含まれない。資産除去債務は，有形固定資産の取得，建設，開発または通常の使用によって発生した時に負債として計上する。

≪例6－3≫

機械装置（取得原価¥400,000，耐用年数3年）を小切手を振り出して購入し，除去費用の見積額¥131,200（割引現在価値）を計上した。

(借)機 械 装 置　　531,200　　(貸)当 座 預 金　　400,000
　　　　　　　　　　　　　　　　　　　資産除去債務　　131,200

第4節　引 当 金

引当金とは，将来の特定の費用または損失であって，適切な期間損益計算を行うために，当期の負担に属する額を費用として計上するために設けられる貸方科目である。

引当金を計上するために，次の条件をすべて満たす必要がある。

①　将来の特定の費用又は損失であること。

②　その発生が当期以前の事象に起因すること。

③　発生の可能性が高いこと。

④　その金額を合理的に見積もることができること。

　　　　　　　　　　　　　　　　　　　　　　　　（「企業会計原則注解」[注18]）

　引当金には，評価性引当金と負債性引当金がある。前者は，貸倒引当金のように売上債権勘定からの控除額を意味し，債権の回収可能額を評価する役割を果たすものである。後者は，企業にとっての債務であり，負債の部に計上されるものである。以下で，主な負債性引当金を紹介する。

1．賞与引当金

　賞与支給規定に基づいて，次期以降に支払われる従業員賞与のうち，当期負担額を見越計上したものである。

　例を示すと，決算日が3月末である企業が，1月から6月までの勤務に対して6月に，7月から12月までの勤務に対して12月にそれぞれ賞与を支給するとする。このとき会計期間と賞与の支給対象期間がずれているため，1月から3月に関してはすでに労働力の消費はなされたが，支払いは次期となることから，この3カ月分に関して賞与引当金を計上することになる。

≪例6－4≫

　決算にあたり，3カ月分に相当する額¥300,000の賞与引当金を設定した場合，仕訳は次のとおりである。

　　　　（借）賞与引当金繰入　　300,000　　　（貸）賞　与　引　当　金　　300,000

2．退職給付引当金

　企業が労働協約などに基づいて，従業員に対して退職一時金や退職年金などの退職給付を行うこととしている場合，将来の退職給付のうち当期に負担すべき額を当期の費用として計上する場合の貸方科目である。

　具体的には，退職時に見込まれる退職給付の総額のうち期末までに発生していると考えられる額を，一定の割引率と現在から予想される退職時までの期間に基づいて割り引いた金額のうち，当期に負担すべき額を引当金として計上する。

≪例6−5≫

　将来の退職給付のうち当期に負担すべき額が¥750,000である場合，決算における仕訳は次のとおりである。

　　　（借）退 職 給 付 費 用　　750,000　　　（貸）退職給付引当金　　750,000

　　　　　＊退職給付費用 = 勤務費用 + 利息費用 − 期待運用収益
　　　　　　　　　　　　　± 過去勤務費用の費用処理額
　　　　　　　　　　　　　± 数理計算上の差異の費用処理額
　　　　　　　　　　　　　± 会計基準変更時差異の費用処理額

3．製品保証引当金

　製品の販売後に，製品に故障が発生したとき，無料で修理等の約束をしている場合に，支出されると予想される額を計上する引当金である。

4．工事補償引当金

　請負工事の引き渡し後に，欠陥があった場合に，無料で補修する約束をしている場合に支出されると予想される額を計上する引当金である。

5．修繕引当金

　建物や機械装置などに対して，事情により当期に行うべき修繕が行われなかった場合に，その修繕に備えて計上される引当金である。また，船舶や溶鉱炉などの数年ごとに行われる大規模な修繕に備えて計上されるものを特別修繕引当金という。

　これら以外に，景品費引当金，返品調整引当金，売上割戻引当金などがある。

第5節　偶発債務

　将来，一定の条件が満たされたときに，実際に債務となる恐れのあるものを偶発債務という。手形の裏書や割引，あるいは債務の保証などにより偶発債務が実際に発生すると，債務が確定するとともに遡求権などが生じる。

　偶発債務は対照勘定によって処理され，これらの記録は備忘記録であるので貸借対照表には記載されず，注記される。

≪例6－6≫

　得意先の借入金￥1,000,000の保証人となった。

　　（借）保証債務見返　　1,000,000　　（貸）保 証 債 務　　1,000,000

　上記の得意先が，支払期日に返済できなかったため，利息￥50,000とともに，小切手を振り出して支払った。

　　（借）未　収　金　　1,050,000　　（貸）当 座 預 金　　1,050,000
　　　　　保 証 債 務　　1,000,000　　　　　保証債務見返　　1,000,000

■章末問題

次の取引を仕訳しなさい。

1．額面金額¥50,000,000（償還期間5年，利率年5.5％，利払いは6月末と12月末の年2回）の社債を額面¥100につき¥97で発行し，払込金額は当座預金とした。

2．上記の社債について6カ月分の利息を，小切手を振り出して支払った。

3．上記1の社債のうち，¥20,000,000を発行後4年目の初めに¥96で買入償還し，小切手を振り出して支払った。この社債の額面金額と払込金額との差額については，償却原価法（定額法）により，毎期適正に処理している。

4．機械装置（取得原価¥6,000,000，耐用年数10年）を小切手を振り出して購入し，除去費用の見積額¥1,574,400（割引現在価値）を計上した。

5．将来の退職給付のうち当期に負担すべき額¥1,280,000を計上した。

6．得意先岩国商事の借入金¥3,000,000の保証人となった。

7．上記の得意先が，支払期日に返済できなかったため，利息¥150,000とともに，小切手を振り出して支払った。

第7章　純資産会計

第1節　純資産の意義

　「貸借対照表の純資産の部の表示に関する会計基準」第4項において，貸借対照表は，資産の部，負債の部および純資産の部に区分し，純資産の部は，株主資本と株主資本以外の各項目に区分すると規定されている。ここで純資産とは，資産の総額から負債の総額を差し引くことによって求められる差額である。

　従来，この差額は資本とよばれていたが，近年の金融技術の発展により，負債と資本のいずれに属するかが不明確なものが増加してきたため，資産にも負債にも該当しないものは純資産とすることになった。

第2節　純資産の分類

　企業会計基準適用指針第8号「貸借対照表の純資産の部の表示に関する会計基準等の適用指針」3項によると，純資産の部は次のように区分される。

```
純資産の部
    株主資本
    評価・換算差額等
    株式引受権
    新株予約権
```

　なお，連結貸借対照表の場合は次のとおりである。

> 純資産の部
> 　株主資本
> 　その他の包括利益累計額
> 　株式引受権
> 　新株予約権
> 　非支配株主持分[1]

注1）2015年度4月以降開始年度の前までは「少数株主持分」と呼ばれていた。

1．株主資本

　株主資本は，純資産のうち株主に帰属する部分であり，「資本金」，「資本剰余金」および「利益剰余金」で構成される。

MEMO　剰余金

株主資本のうち資本金以外の部分のことで，資本剰余金と利益剰余金がある。

（1）資本金

　株式会社の資本金は法定資本ともよばれ，基本的に株主となる者が払込みまたは給付をした財産の額である（「会社法」445条）。したがって，株式を発行した場合，原則として株主からの払込金額の全額を資本金とすることとなるが，払込金額の2分の1を超えない額は，資本金として計上しないことができる（同条2項）。

　なお，株式会社設立の際に定められる定款において，発行可能株式総数が定められるが，会社設立時には，その4分の1以上を発行すればよいこととなっている（「会社法」37条3項）。これを授権資本という。

84

MEMO 定款

　株式会社の定款とは，会社の目的，商号，本店所在地，発行可能株式総数など，会社の組織や運営方法などの基本的なルールを定めたもので，会社を設立する際に必ず作成し，公証人役場で必ず認証を受けることが義務づけられている。

---

① 資本金の増加

　会社設立後において，資本金の額を増加させることを増資という。これには新株発行や新株予約権の権利行使のように株主資本の増加を伴う実質的増資と，準備金の資本組入や分配可能な剰余金の資本組入のように，株主資本の増加を伴わない形式的増資がある。

② 資本金の減少

　会社の資本金が減少することを減資という。減資も会社の純資産の減少を伴うかどうかにより実質的減資と形式的減資がある。前者は，会社が事業規模を縮小することを目的として法定資本を減額する場合があり，後者は会社に累積した赤字を法定資本の減少額で填補する場合が挙げられる。

　減資は債権者の権利保護のために維持すべき法定資本を減少させることであるから，会社法は減資に際し株主総会の特別決議などを課している（「会社法」447条・449条）。

（2）資本剰余金

　資本剰余金は，増資・減資など資本を直接増減させる取引から生じたものであり，「資本準備金」と「その他資本剰余金」から構成される（「貸借対照表の純資産の部の表示に関する会計基準」6項(1)）。

① 資本準備金

　株主から払い込まれた資本のうち資本金に組み入れられなかった部分など，

会社法の規定により積み立てられたものである。既述のとおり，株式の払込金額のうち2分の1を超えない範囲で資本金に組み入れない額（株式払込剰余金）や，その他資本剰余金から配当を行う場合，配当額の10分の1に相当する額は資本準備金へ計上される。さらに，合併，吸収分割，新設分割，株式交換または株式移転に際して準備金として計上すべき額も資本準備金となる。また，資本金を減少することで資本準備金を計上することもできるし，資本準備金を減少し，その額を資本金またはその他資本剰余金として計上することができる（「会社法」445条・447条・448条・451条など）。

≪例7−1≫

　増資にあたり，10,000株を1株¥7,000で発行し，全額の払込みを受け当座預金とした。なお，会社法で定める最低限度額を資本金とした。

（借）当 座 預 金　70,000,000　　（貸）資　　　本　　　金　35,000,000
　　　　　　　　　　　　　　　　　　　株式払込剰余金　35,000,000
　　　　　　　　　　　　　　　　　　　（資本準備金）

②　その他資本剰余金

　資本剰余金のうち，会社法上の資本準備金以外のもので，会社法上の分配可能額となる。その他資本剰余金が増加または減少するケースをまとめると下表のとおりである。

その他資本剰余金	
増　加	減　少
・資本金および資本準備金の額を減少させることに伴う増加	・その他資本剰余金からの配当 ・資本金または資本準備金を増加させるためのその他資本剰余金の減少 ・利益剰余金の欠損を填補するためのその他資本剰余金の減少

③　自己株式

　会社法では，自己株式を取得してそのまま保有することが認められている。自己株式を保有後，再売却した場合は，新株の発行と考えられる。したがって，再売却の際に当該株式の取得原価を上回る部分（自己株式処分差益）は払込資本の性格を持つと考えられるので，その他資本剰余金へ計上される。また，自己株式処分差損はその他資本剰余金から減額される（「自己株式及び準備金の額の減少等に関する会計基準」9項・10項）。

≪例7－2≫

　自己株式処分差益が生じたときの仕訳は次のようになる。

　　（借）現　金　預　金　××　　（貸）自　己　株　式　××
　　　　　　　　　　　　　　　　　　　その他資本剰余金　　××

　一方，自己株式を消却した場合は，当該株式の取得原価をその他資本剰余金から減額する（「自己株式及び準備金の額の減少等に関する会計基準」11項）。

　この場合の仕訳は次のようになる。

　　（借）その他資本剰余金　　××　　（貸）自　己　株　式　××

　なお，その他資本剰余金の残高がマイナスの場合は，決算日にその他利益剰余金を取り崩して填補する（「自己株式及び準備金の額の減少等に関する会計基準」12項）。

（3）利益剰余金

　利益剰余金とは，株主資本のうち会社が稼得した利益の留保額であり，「利益準備金」と「その他利益剰余金」から構成される（「貸借対照表の純資産の部の表示に関する会計基準」6項(2)）。

①　利益準備金

　利益準備金とは，剰余金の配当をする場合にその配当額に10分の1を乗じ

て得た額に相当する額を，会社法の定めにより積み立てたものである（「会社法」
445条4項）。ただし，資本準備金と利益準備金の合計額が基準資本金額（資本金
の額に4分の1を乗じて得た額）に達するまで計上しなければならない（「会社計算
規則」22条）。資本準備金と利益準備金は，法定準備金とよばれる。

≪例 7 − 3 ≫

　株主へ￥200,000の配当を行い，利益準備金を会社法の定める金額とする場
合の仕訳は次のようになる。

　（借）その他利益剰余金　220,000　（貸）利　益　準　備　金　　20,000
　　　　　　　　　　　　　　　　　　　　　未　払　配　当　金　200,000

　なお，株主総会の決議により，利益準備金を減少させ，その他利益剰余金を
増加させ，欠損填補させたり，資本金とすることもできる（「会社計算規則」28
条2項）。

　②　その他利益剰余金
　その他利益剰余金は，任意積立金と繰越利益剰余金とから構成される。

　③　任意積立金
　任意積立金は，株主総会または取締役会の決議に基づき，会社が自主的に設
定するもので，特定の目的を持つ特定目的積立金と目的を持たない別途積立金
がある。前者は，当該目的を果たすにあたって取り崩しても純資産額に影響を
及ぼさない積極的積立金と，純資産額が減少する消極的積立金に分かれる。こ
れらを具体的に整理すると下表のとおりである。

特定目的積立金	
積極的積立金	消極的積立金
事業拡張積立金	配当平均積立金
減債積立金	欠損填補積立金
新築積立金	偶発損失積立金
	災害損失積立金

④　繰越利益剰余金

　その他利益剰余金のうち，任意積立金以外の部分であり（「貸借対照表の純資産の部の表示に関する会計基準」6項（2）），決算日に計上される当期純損益が繰越利益剰余金へ振り替えられ，決算日後の株主総会における処分の対象となる（今期の当期純利益に，直近の剰余金の処分後の残高があれば，これを加算した金額となる）。また，利益準備金や任意積立金の計上あるいは取り崩しによって増減する。

≪例7－4≫

　関門商事株式会社（資本金 ¥50,000,000）は，株主総会で繰越利益剰余金を¥9,500,000，株主配当金を¥4,050,000，利益準備金は会社法の定める金額，また別途積立金を¥3,000,000とすることが承認された。この時の仕訳を答えなさい。なお，資本準備金の既積立額は¥7,345,000，利益準備金の既積立額は¥4,745,000である。

（借）繰越利益剰余金　7,455,000　　　（貸）利 益 準 備 金　　405,000[1]

　　　　　　　　　　　　　　　　　　　　　未 払 配 当 金　4,050,000

　　　　　　　　　　　　　　　　　　　　　別 途 積 立 金　3,000,000

> 注1）今回，¥4,050,000の配当を行うので，その10分の1である¥405,000を利益準備金として積み立て可能である。会社法上，資本金の4分の1の¥12,500,000まで資本準備金と利益準備金の合計を積み立てることが規定されているが，現在，その合計額は¥12,090,000（＝¥7,345,000＋¥4,745,000）であり，あと¥410,000（＝¥12,500,000－¥12,090,000）だけ利益準備金を積み立てることができる状況であり，今回の¥405,000はその範囲内であるので，利益準備金は¥405,000となる。

　なお，配当として処分できる金額の限度額（分配可能額）については，会社法第461条第2項の第一号および第二号に掲げる額の合計額から第三号から第六号までに掲げる額の合計額を減じて得た額と定められている。

2．評価・換算差額等

　資産・負債を時価評価する際，市場の時価や為替レート等の変動によって生ずる評価差額等で，未実現損益であり株主が払い込んだものでもないので，これらは株主資本を構成しない純資産項目として扱われる。具体的には，以下のようなものが挙げられる。

（1）その他有価証券評価差額金

　その他有価証券を決算日に時価評価した際の，その帳簿価額と時価との差額である。このような有価証券は，事業遂行上等の必要性からただちに売買・換金を行うことは制約を伴う要素もあり，評価差額をただちに当期の損益計算書として処理することは適切ではないと考えられるとされる（「金融商品に関する会計基準」77項）。したがって，原則として損益計算書を通さずに直接貸借対照表の純資産の部へ計上されるのである。

（2）繰延ヘッジ損益

　有価証券や外貨建資産等の取得や保有に伴い，金利や為替等の変動リスクを防止したり緩和する目的で利用されるヘッジ手段に係る損益や時価評価差額を，ヘッジ対象に係る損益が認識されるまで繰り延べられたものである。

（3）土地再評価差額金

　土地再評価法に基づき事業用の土地を時価評価した場合に生ずる帳簿価額との差額である。この処理は1998年3月31日から2002年3月31日までの決算日に1回だけ実施することができるものであった。

（4）為替換算調整勘定

　外国にある子会社あるいは関連会社の資産・負債の為替換算額と純資産の為替換算額の差額であり，連結財務諸表の作成に際して計上される。

3．株式引受権

　株式引受権とは，「取締役又は執行役がその職務の執行として株式会社に対して提供した役務の対価として当該株式会社の株式の交付を受けることができる権利（新株予約権を除く。）をいう」（会社計算規則2条3項34号）とされる。

　契約上，株式の発行等について権利確定条件が付されており，同条件が達成されたときに株式の発行が行われ，権利が付与されるが（実務対応報告4項），この権利を付与した時点で，その権利の価値を評価して人件費として計上し，これと同額を貸借対照表の純資産の部に株式引受権として計上する。

　以下に設例を示す。

≪例7－5≫

　当社は，取締役3名に対して報酬等として，一定の条件を満たした場合に，1名あたり1,000株の新株を発行する契約を締結した。なお，決算日は3月31日であり，20×1年7月1日より20×4年6月30日まで，取締役として業務を行うこととする条件が付されている。また，付与日は20×1年7月1日であり，株式の公正な評価額は¥3,000であった。

（20×2年3月31日の仕訳）

　　（借）報酬費用　　2,250,000*　　　（貸）株式引受権　　2,250,000

　　　　＊¥3,000/株×1,000株×3名×9カ月/36カ月＝¥2,250,000

（新株発行時の仕訳）

　　払込資本は，全額資本金とした。

（借）株式引受権　　15,750,000*　　　　（貸）資　本　金　　15,750,000

> ＊3名の取締役は，20×1年7月1日より20×4年6月30日まで取締役とし
> て業務を行ったので，20×4年7月に取締役会決議により新株を発行した。
> そのときの株式引受権の残高は¥15,750,000となっていた。

4．新株予約権

　その権利の保有者が発行者である会社に対して行使することにより，あらか
じめ定められた価額で会社が新株を発行する義務を示している。新株予約権は
将来失効して払込資本とならない可能性もあり，権利行使の有無が確定するま
ではその性格が確定しないが，返済義務のある負債ではないので純資産の部に
計上される（「貸借対照表の純資産の部の表示に関する会計基準」22項）。新株予約権
は単独で発行する場合もあれば，社債と一体で発行する場合もあり，またスト
ック・オプションで用いられる。

MEMO　ストック・オプション

　役員や従業員に対して企業が自社株を報酬の一部として，あらかじめ定められた
価格（権利行使価格）で買うことを選択できる権利を与える制度のこと。ストック・
オプションを付与された者にすると，株価が権利行使価格を超えれば超えるほど，
自社株を時価より安く買い，時価で売却することでより大きな利益を得ることがで
きる。

第3節　株主資本等変動計算書

1．意　義

　株主資本等変動計算書は，「貸借対照表の純資産の部の一会計期間における
変動額のうち，主として，株主に帰属する部分である株主資本の各項目の変動
事由を報告するために作成するもの」（「株主資本等変動計算書に関する会計基準」

1項）とされる。

　すなわち，会社法では株主総会等の決議により，剰余金の配当や株主資本の計数の変動がいつでも可能となるなど，貸借対照表の純資産の部の各項目はさまざまに変動するにもかかわらず，貸借対照表ではこの変動を表示することができない。株主資本等変動計算書は，期中のこのような変動を明らかにするものである。

2．純資産の部の変動事由
　株主資本の各項目の変動事由には，主に以下のものが挙げられる。
（1）当期純利益または当期純損失の計上
（2）新株の発行
（3）剰余金の配当
（4）自己株式の取得・消却
（5）株主資本の計数の変動
　①　資本金から準備金又は剰余金への振替
　②　準備金から資本金又は剰余金への振替
　③　剰余金から資本金又は準備金への振替
　④　剰余金の内訳科目間の振替
（「株主資本等変動計算書に関する会計基準の適用指針」6項）

　また，株主資本以外の各項目の主な変動事由には，主に以下のものが挙げられる。
（1）その他有価証券の売却又は減損処理による増減
（2）新株予約権の発行
（「株主資本等変動計算書に関する会計基準の適用指針」11項）

3．様　式
　株主資本等変動計算書の表示は，純資産の各項目を横に並べる様式により作

成する。ただし，純資産の各項目を縦に並べる様式により作成することもできるとされる（「株主資本等変動計算書に関する会計基準の適用指針」3項）。なお，財務諸表等規則上は，各項目を縦に並べる様式で作成される。

4．株主資本等変動計算書の作成例

次の資料に基づき，株主資本等変動計算書を作成すると次のとおりである。

```
                        当期中の変動事由              （単位：百万円）

        当期純利益の計上           180
        剰余金の配当             50 （これに伴う利益準備金への計上額 5）
        新株の発行             200  ┌ ただし，払込金額のうち会社法に
                                   │ 定める最低金額を資本金へ計上
        自己株式の処分            200  └
        自己株式処分差益           30
        その他有価証券評価差額金の純増    30
```

（横に並べる様式）

株主資本等変動計算書

（単位：百万円）

	株　主　資　本										評価・換算差額等			新株予約権	純資産合計
	資本金	資本剰余金			利益剰余金				自己株式	株主資本合計	その他有価証券評価差額金	繰延ヘッジ損益	評価・換算差額等合計		
		資本準備金	その他資本剰余金	資本剰余金合計	利益準備金	その他利益剰余金		利益剰余金合計							
						新築積立金	繰越利益剰余金								
当期首残高	1,150	430	425	855	410	80	600	1,090	△460	2,635	120	5	125	230	2,990
当期変動額															
新株の発行	100	100		100						200					200
剰余金の配当					5		△55	△50		△50					△50
当期純利益							180	180		180					180
自己株式の処分			30	30					200	230					230
株主資本以外の項目の当期変動額（純額）											30		30		30
当期変動額合計	100	100	30	130	5		125	130	200	560	30		30		590
当期末残高	1,250	530	455	985	415	80	725	1,220	△260	3,195	150	5	155	230	3,580

94

（縦に並べる様式）

<u>株主資本等変動計算書</u>

（単位：百万円）

株主資本
  資本金
                  当期首残高   1,150

			（単位：百万円）
株主資本			
資本金	当期首残高		1,150
	当期変動額	新株の発行	100
	当期末残高		1,250
資本剰余金			
資本準備金	当期首残高		430
	当期変動額	新株の発行	100
	当期末残高		530
その他資本剰余金	当期首残高		425
	当期変動額	自己株式の処分	30
	当期末残高		455
資本剰余金合計	当期首残高		855
	当期変動額		130
	当期末残高		985
利益剰余金			
利益準備金	当期首残高		410
	当期変動額	剰余金の配当に伴う積立て	5
	当期末残高		415
その他利益剰余金			
新築積立金	当期首残高及び当期末残高		80
繰越利益剰余金	当期首残高		600
	当期変動額	剰余金の配当	△55
		当期純利益	180
	当期末残高		725
利益剰余金合計	当期首残高		1,090
	当期変動額		130
	当期末残高		1,220
自己株式	当期首残高		△460
	当期変動額	自己株式の処分	200
	当期末残高		△260
株主資本合計	当期首残高		2,635
	当期変動額		560
	当期末残高		3,195
評価・換算差額等			
その他有価証券評価差額金	当期首残高		120
	当期変動額（純額）		30
	当期末残高		150

繰延ヘッジ損益	当期首残高及び当期末残高	5
評価・換算差額等合計	当期首残高	125
	当期変動額	30
	当期末残高	155
新株予約権	当期首残高及び当期末残高	230
純資産合計	当期首残高	2,990
	当期変動額	590
	当期末残高	3,580

■章末問題

1．次の取引の仕訳を示しなさい。

① 会社設立にあたり，定款において発行可能株式総数を20,000株と定め，そのうち会社法の定める最低限の株式を1株¥30,000で発行し，全額の払込を受け，当座預金とした。なお，全額を資本金とした。

② 増資にあたり，8,000株を1株¥6,500で発行し，全額の払込を受け当座預金とした。なお，会社法で定める最低限度額を資本金とした。

③ 博多商事株式会社（資本金¥50,000,000）は，株主総会で繰越利益剰余金を¥40,000,000，株主配当金を¥25,000,000，利益準備金は会社法の定める金額，また別途積立金を¥9,000,000とすることが承認された。この時の仕訳を答えなさい。なお，資本準備金の既積立額は¥6,300,000，利益準備金の既積立額は¥3,800,000である。

2．次の資料に基づき，2種類の株主資本等変動計算書を作成しなさい。

当期中の変動事由　　　　　　　　　（単位：百万円）

当期純利益の計上	250	
剰余金の配当	110	（これに伴う利益準備金への計上額 11）
新株の発行	150	ただし，払込金額のうち会社法に定める最低金額を資本金へ計上
その他有価証券評価差額金の純増	12	

（横に並べる様式）

株主資本等変動計算書

（単位：百万円）

	株　主　資　本										評価・換算差額等		新株予約権	純資産合計
	資本金	資本剰余金			利益剰余金				自己株式	株主資本合計	その他有価証券評価差額金	評価・換算差額等合計		
		資本準備金	その他資本剰余金	資本剰余金合計	利益準備金	その他利益剰余金		利益剰余金合計						
						新築積立金	繰越利益剰余金							
当期首残高	350	85	15	100	20	10	180	210	△30	630	62	62	20	712
当期変動額														
新株の発行														
剰余金の配当														
当期純利益														
株主資本以外の項目の当期変動額（純額）														
当期変動額合計														
当期末残高														

98

（縦に並べる様式）

株主資本等変動計算書

（単位：百万円）

株主資本
　　資本金　　　　　　　　当期首残高　　　　　　　　　　　350
　　　　　　　　　　　　　当期変動額　　新株の発行　　　────
　　　　　　　　　　　　　当期末残高　　　　　　　　　　════

　　資本剰余金
　　　資本準備金　　　　　当期首残高　　　　　　　　　　　 85
　　　　　　　　　　　　　当期変動額　　新株の発行　　　────
　　　　　　　　　　　　　当期末残高　　　　　　　　　　════
　　　その他資本剰余金　　当期首残高及び当期末残高　　　════
　　　資本剰余金合計　　　当期首残高　　　　　　　　　　　100
　　　　　　　　　　　　　当期変動額　　　　　　　　　　────
　　　　　　　　　　　　　当期末残高　　　　　　　　　　════

　　利益剰余金
　　　利益準備金　　　　　当期首残高　　　　　　　　　　　 20
　　　　　　　　　　　　　当期変動額　剰余金の配当に伴う積立て　────
　　　　　　　　　　　　　当期末残高　　　　　　　　　　════

　　　その他利益剰余金
　　　新築積立金　　　　　当期首残高及び当期末残高　　　　 10
　　　繰越利益剰余金　　　当期首残高　　　　　　　　　　　180
　　　　　　　　　　　　　当期変動額　　剰余金の配当
　　　　　　　　　　　　　　　　　　　　当期純利益　　　────
　　　　　　　　　　　　　当期末残高　　　　　　　　　　════
　　　利益剰余金合計　　　当期首残高　　　　　　　　　　　210
　　　　　　　　　　　　　当期変動額　　　　　　　　　　────
　　　　　　　　　　　　　当期末残高　　　　　　　　　　════
　　　自己株式　　　　　　当期首残高及び当期末残高　　　△30
　　　株主資本合計　　　　当期首残高　　　　　　　　　　　630
　　　　　　　　　　　　　当期変動額　　　　　　　　　　────
　　　　　　　　　　　　　当期末残高　　　　　　　　　　════

評価・換算差額等
　　その他有価証券評価差額金　当期首残高　　　　　　　　 62
　　　　　　　　　　　　　当期変動額（純額）　　　　　　────
　　　　　　　　　　　　　当期末残高　　　　　　　　　　════
　　評価・換算差額等合計　当期首残高　　　　　　　　　　　 62
　　　　　　　　　　　　　当期変動額　　　　　　　　　　────
　　　　　　　　　　　　　当期末残高　　　　　　　　　　════
新株予約権　　　　　　　　当期首残高及び当期末残高　　　　 20
純資産合計　　　　　　　　当期首残高　　　　　　　　　　　712
　　　　　　　　　　　　　当期変動額　　　　　　　　　　────
　　　　　　　　　　　　　当期末残高　　　　　　　　　　════

第8章　貸借対照表

第1節　貸借対照表の意義と原則

　貸借対照表とは，企業の一定時点における財政状態を明らかにするものである。ここで財政状態とは，企業に投下された資金の調達源泉（負債と純資産）とその資金の運用形態（資産）に関する状態のことであり，企業に投下された資金がどのように調達され，その調達された資金がどのような形に運用されているかを明らかにするものである。

1．作成原則

　貸借対照表の形式面の主な作成原則として，完全性の原則，区分計算表示の原則および総額主義の原則がある。

（1）完全性の原則

　貸借対照表は，貸借対照表日におけるすべての資産，負債および資本（純資産）を記載しなければならないとされ（「貸借対照表原則」一），これにより企業の利害関係者に財政状態が正しく表示されることとなる。

（2）区分計算表示の原則

　貸借対照表は資産，負債および資本（純資産）の各部に三区分し，さらに資産の部を流動資産，固定資産および繰延資産に，負債の部を流動負債および固定負債に区分しなければならない。また，資産，負債および資本（純資産）の各科目は，一定の基準に従って明瞭に分類しなければならない（「貸借対照表原

100

則」二，四）。

　また貸借対照表の様式として，勘定式と報告式がある。前者は，借方側に資産，貸方側に負債および純資産を左右対照して記載する様式で，後者は資産，負債および純資産の順に上から記載する様式である。会社法では特に規定されていないが勘定式が一般的であり，金融商品取引法では報告式で記載するよう規定されている（「財務諸表等規則」11条2項）。

　報告式の貸借対照表の様式を示すと次のとおりである。

貸借対照表

```
資産の部
　流動資産          ××
　固定資産          ××
　繰延資産          ××
　　資 産 合 計     ××
負債の部
　流動負債          ××
　固定負債          ××
　　負 債 合 計     ××
純資産の部
　株主資本          ××
　評価・換算差額等  ××
　新株予約権        ××
　　純 資 産 合 計  ××
　　負債・純資産合計 ××
```

（3）総額主義の原則

　資産，負債および資本（純資産）の各科目については，その総額によって記載することを原則とするもので，資産項目と負債または資本（純資産）の項目とを相殺し，その全部または一部を貸借対照表から除去してはならないという原則である（「貸借対照表原則」一のB）。

第2節　貸借対照表の作成例

　会社法に基づく勘定式の貸借対照表の例は次のとおりである。

貸 借 対 照 表

（令和×3年 3 月31日）

（単位：百万円）

科　　　目	金　　額	科　　　目	金　　額
（資産の部）		（負債の部）	
流動資産	162,246	流動負債	89,600
現金及び預金	19,770	支払手形	32,100
受取手形	2,010	買掛金	40,210
売掛金	25,740	短期借入金	16,200
有価証券	53,620	未払金	1,090
商品及び製品	52,100	固定負債	6,213
仕掛金	5,100	社　債	1,020
原材料及び貯蔵品	2,020	長期借入金	4,283
未収入金	810	リース債務	498
繰延税金資産	95	退職給付引当金	412
その他	1,000	負債合計	95,813
貸倒引当金	△ 19	（純資産の部）	
固定資産	174,500	株主資本	231,709
有形固定資産	103,681	資本金	87,630
建　物	56,000	資本剰余金	99,012
構築物	23,500	資本準備金	98,003
機械及び装置	62,600	その他資本剰余金	1,009
土　地	46,100	利益剰余金	66,100
リース資産	9,010	利益準備金	2,901
建設仮勘定	7,001	その他利益剰余金	63,199
減価償却累計額	△ 100,530	事業拡張積立金	1,820
無形固定資産	609	別途積立金	10,309
のれん	6	繰越利益剰余金	51,070
特許権	603	自己株式	△ 21,033
投資その他の資産	70,210	評価・換算差額等	2,179
投資有価証券	22,633	その他有価証券評価差額	1,518
関係会社株式	29,300	繰延ヘッジ損益	661
繰延税金資産	18,277	新株予約権	7,100
繰延資産	55	新株予約権	7,100
開発費	55	純資産合計	240,988
資産合計	336,801	負債・純資産合計	336,801

第3節　貸借対照表のまとめ

貸借対照表を構成する各部分は次のような意味を有する。

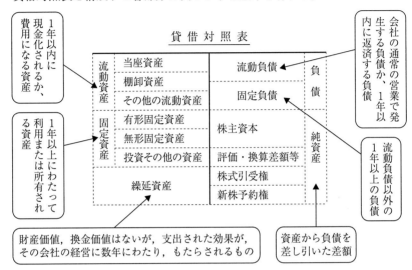

当座資産	換金性が高かったり，短期間のうちに回収される資産。
棚卸資産	販売する目的や会社の管理活動のために保有しているもので，日常業務では「在庫」と呼ばれる。
その他の流動資産	流動資産の中で，当座資産あるいは棚卸資産以外の資産のこと。
有形固定資産	その会社の営業目的を達成するために，1年以上使い続ける具体的形態のある資産。
無形固定資産	長期間にわたって経営に利用される法的権利などの，形のない資産。
投資その他の資産	長期保有される子会社株式などや，余裕資金の長期的運用のための投資など。
株主資本	株主が出資した金額とその金額を利用して獲得した利益等を内部留保したもの。
評価・換算差額等	市場の時価や為替レートの変動によって発生した未実現の損益のこと。
株式引受権	取締役又は執行役が提供した役務の対価として，当該会社の株式の交付を受けることができる権利のこと。
新株予約権	その会社の株式をあらかじめ定められた価額で取得することを選択できる権利のこと。

■章末問題

　次の資料をもとに，下記の貸借対照表の（　　　　　）内に適当な科目あるいは金額を記入して完成させなさい。

特許権　12,000	利益準備金　6,150	現金及び預金　25,000	買掛金　40,210
土　地　　6,100	その他有価証券評価差額金　2,179	商　品　2,300	

貸 借 対 照 表
（令和×3年 3 月31日）

（単位：千円）

科　　　　目	金　　額	科　　　　目	金　　額
（資産の部）		（負債の部）	
流動資産	59,561	流動負債	89,600
（　　　　　）	（　　　　　）	支払手形	32,100
受取手形	3,600	（　　　　　）	（　　　　　）
売掛金	18,000	短期借入金	16,200
有価証券	11,000	未払金	1,090
（　　　　　）	（　　　　　）	固定負債	2,430
前払費用	81	社　債	1,520
貸倒引当金	△　　420	長期借入金	498
固定資産	103,200	退職給付引当金	412
有形固定資産	70,200	負債合計	（　　　　　）
建　物	30,800	（純資産の部）	
機械及び装置	10,200	株主資本	69,052
備　品	22,500	資本金	45,000
（　　　　　）	（　　　　　）	資本剰余金	11,900
建設仮勘定	18,000	資本準備金	7,800
減価償却累計額	△　17,400	その他資本剰余金	4,100
無形固定資産	12,000	利益剰余金	12,152
（　　　　　）	（　　　　　）	（　　　　　）	（　　　　　）
投資その他の資産	21,000	（　　　　　）	（　　　　　）
投資有価証券	16,210	配当平均積立金	1,202
長期貸付金	2,040	繰越利益剰余金	4,800
繰延税金資産	（　　　　　）	評価・換算差額等	2,179
繰延資産	500	（　　　　　）	（　　　　　）
開発費	500	純資産合計	71,231
資産合計	（　　　　　）	負債・純資産合計	（　　　　　）

第9章　キャッシュ・フロー計算書

第1節　意　義

　キャッシュ・フロー計算書は,「一会計期間におけるキャッシュ・フローの状況を一定の活動区分別に表示するものであり, 貸借対照表及び損益計算書と同様に企業活動全体を対象とする重要な情報を提供するものである。」(「連結キャッシュ・フロー計算書等の作成基準」二)。

　すなわち, 損益計算書において一定の当期純利益が計上されているとしても, その企業に同額の資金が増加しているとは限らないし, たとえ順調に売上が計上されているとしても, それがすべて掛けで販売されているとしたら, 売上代金の回収までには時間がかかることになる。そしてその間も, 企業活動は行われているのであるから, 仕入代金や従業員の給料, あるいは借入金の返済等, 支払がつねに発生している。このようなことで, 企業の資金の回収額を支払額が上回るような事態となると, 資金繰りに窮することとなり, 最悪の場合は倒産という結果にいたる場合がある。いわゆる黒字倒産である。

　したがって, 損益計算書では提供できない, 企業の資金の流れを明らかにするキャッシュ・フロー計算書が必要とされるようになった。

1. 資金の範囲

　キャッシュ・フロー計算書の対象とする資金の範囲は, 現金(手許現金および要求払預金)および現金同等物とし, ここでいう現金同等物は, 容易に換金可能であり, かつ, 価値の変動について僅少なリスクしか負わない短期投資で, 価格変動リスクの高い株式等は除外され, 取得日から3カ月以内に満期日また

は償還日が到来する短期的な投資が一般的な例とされる（「連結キャッシュ・フロー計算書等の作成基準」三の2の(1)）。

2．表示区分

　キャッシュ・フロー計算書では，1会計期間におけるキャッシュ・フローを「営業活動によるキャッシュ・フロー」，「投資活動によるキャッシュ・フロー」および「財務活動によるキャッシュ・フロー」の3つに区分して表示する。

　「営業活動によるキャッシュ・フロー」の区分には，商品および役務の販売による収入，商品および役務の購入による支出等，営業損益計算の対象となった取引のほか，投資活動および財務活動以外の取引によるキャッシュ・フローを記載する。また，商品および役務の販売により取得した手形の割引による収入等，営業活動に係る債権・債務から生ずるキャッシュ・フローも「営業活動によるキャッシュ・フロー」の区分に記載する。

　「投資活動によるキャッシュ・フロー」の区分には，固定資産の取得および売却，現金同等物に含まれない短期投資の取得および売却等によるキャッシュ・フローを記載する。

　「財務活動によるキャッシュ・フロー」の区分には，株式の発行による収入，自己株式の取得による支出，社債の発行・償還および借入れ・返済による収入・支出等，資金の調達および返済によるキャッシュ・フローを記載する。

　なお，法人税等は「営業活動によるキャッシュ・フロー」の区分に一括して記載する。そして，利息および配当金の表示区分は，継続適用を条件に次のどちらかの選択適用が認められる。

① 　損益の算定に含まれる受取利息，受取配当金および支払利息は「営業活動によるキャッシュ・フロー」の区分に，損益の算定に含まれない支払配当金は「財務活動によるキャッシュ・フロー」の区分に記載する方法。

② 　投資活動の成果である受取利息および受取配当金は「投資活動によるキャッシュ・フロー」の区分に，財務活動上のコストである支払利息および

キャッシュ・フロー計算書の表示区分

キャッシュ・フロー計算書	
Ⅰ　営業活動によるキャッシュ・フロー	××
Ⅱ　投資活動によるキャッシュ・フロー	××
Ⅲ　財務活動によるキャッシュ・フロー	××
Ⅳ　現金及び現金同等物に係る換算差額	××
Ⅴ　現金及び現金同等物の増加額（減少額）	××
Ⅵ　現金及び現金同等物の期首残高	××
Ⅶ　現金及び現金同等物の期末残高	××

支払配当金は「財務活動によるキャッシュ・フロー」の区分に記載する方法。　　　　　（「連結キャッシュ・フロー計算書等の作成基準」三の３）

3．表示方法

「営業活動によるキャッシュ・フロー」の表示方法には，主要な取引ごとに収入総額と支出総額を表示する直接法と，純利益に必要な調整項目を加減して表示する間接法とがある。直接法は，営業活動に係るキャッシュ・フローが総額で表示されるという長所があり，間接法は，純利益と営業活動に係るキャッシュ・フローとの関係が明示されるという長所がある。

なお，間接法により表示する場合は，税引前当期純利益から開始する形式によることとし，法人税等の支払額は独立の項目として明示する（「連結キャッシュ・フロー計算書等の作成基準」四）。

この２つの方法による作成例は，次のとおりである。

キャッシュ・フロー計算書（直接法）

営業活動によるキャッシュ・フロー	
営業収入	500
商品の仕入れによる支出	△350
営業支出	△35
営業活動によるキャッシュ・フロー	115
投資活動によるキャッシュ・フロー	
建物の取得	△100
投資活動によるキャッシュ・フロー	△100
財務活動によるキャッシュ・フロー	
増資による調達	50
財務活動によるキャッシュ・フロー	50
現金及び現金同等物の増加額	65
現金及び現金同等物の期首残高	25
現金及び現金同等物の期末残高	90

キャッシュ・フロー計算書（間接法）

営業活動によるキャッシュ・フロー	
当期純利益	25
減価償却費	15
売掛金の増加	△5
商品の減少	50
買掛金の増加	30
営業活動によるキャッシュ・フロー	115
投資活動によるキャッシュ・フロー	
建物の取得	△100
投資活動によるキャッシュ・フロー	△100
財務活動によるキャッシュ・フロー	
増資による調達	50
財務活動によるキャッシュ・フロー	50
現金及び現金同等物の増加額	65
現金及び現金同等物の期首残高	25
現金及び現金同等物の期末残高	90

４．作成方法

キャッシュ・フロー計算書は，一般に，日常の取引記録から作成するのではなくて，貸借対照表と損益計算書を組み替えて作成する。そして，営業活動によるキャッシュ・フローに関しては，上述のように直接法と間接法とがあり，具体的な作成方法はそれぞれ次のとおりである。

直接法の場合は，営業収入は損益計算書の売上高に貸借対照表の売掛金の増減額を加減し，商品仕入支出は損益計算書の売上原価に貸借対照表の商品増減額と買掛金増減額を加減することで作成される。このことをまとめると，次のとおりである。

直接法の主な調整項目

項　目	計算方法
売掛金の増加	売上高から減算
売掛金の減少	売上高へ加算
商品の増加	売上原価へ加算
商品の減少	売上原価から減算
買掛金の増加	売上原価から減算
買掛金の減少	売上原価へ加算

また，人件費や営業費など主要な取引も総額で表示する。

≪例9－1≫

　次の資料に基づきキャッシュ・フロー計算書（営業活動によるキャッシュ・フローの部分のみ）を直接法で作成しなさい。

（資産・負債の増減額）

売掛金の減少額	55
商品の減少額	30
買掛金の増加額	15

損益計算書

売上高	930
売上原価	790
給　料	75
支払家賃	30
減価償却費	20
当期純利益	15

　　　　　　　キャッシュ・フロー計算書（直接法）

　営業活動によるキャッシュ・フロー

営業収入	985
商品の仕入れによる支出	△745
営業支出	△105
営業活動によるキャッシュ・フロー	135

（計算方法）

　営業収入 ＝ 売上高 ＋ 売掛金の減少額 ＝ 930 ＋ 55 ＝ 985

　商品の仕入れによる支出 ＝ 売上原価 － 商品の減少額 － 買掛金の増加額

　　　　　　　　　　　　＝ 790 － 30 － 15 ＝ 745

　営業支出 ＝ 給料 ＋ 支払家賃 ＝ 75 ＋ 30 ＝ 105

　これに対して，間接法とは税引前当期純利益から計算をスタートさせ，減価償却費や引当金の繰入額は支出を伴わないので加算し，売掛金や棚卸資産の増加（減少）は減算（加算）し，さらに買掛金の増加（減少）は加算（減算）する。以下に作成例を示す。

≪例9−2≫

次の資料に基づきキャッシュ・フロー計算書（営業活動によるキャッシュ・フローの部分のみ）を間接法で作成しなさい。

（資産・負債の増減額）		（損益計算書からの数値）	
売掛金の増加額	75	当期純利益	75
商品の減少額	5	減価償却費の発生額	55
買掛金の減少額	35		

キャッシュ・フロー計算書（間接法）

当期純利益	75
減価償却費	55
売掛金の増加	△75
商品の減少	5
買掛金の減少	△35
営業活動によるキャッシュ・フロー	25

第2節 キャッシュ・フロー計算書における主な会計情報

キャッシュ・フロー計算書における営業活動によるキャッシュ・フローは，企業の営業活動の結果，獲得できたキャッシュ・フローであり，設備投資，配当，債務の支払い等のための原資となるので，営業キャッシュ・フローがどういう状態であるかは，企業の経営において重要な意義を有する。すなわち，営業キャッシュ・フローが増加している場合は，企業の営業活動が順調であり，設備投資や配当を行う余裕があることを示している。これに対して，営業キャッシュ・フローが減少している場合は，営業活動が順調ではなく，借入れ等により資金調達する必要が生じ，最終的には資金繰りが苦しくなる可能性があることを示している。

また，営業キャッシュ・フローから投資キャッシュ・フローを控除した金額

を一般にフリー・キャッシュ・フローという。フリー・キャッシュ・フローが
プラスである場合，営業活動により獲得したキャッシュ・フローにより現状の
事業規模を維持するための投資を行った上で，企業が自由に使用できる資金を
有するということを意味するので，企業の戦略的な事業展開に資金を充てたり，
債務を支払うことで財務構造を強化することもできることとなる。したがって，
フリー・キャッシュ・フローは企業評価の際にも重視される。

■章末問題

1．次の資料に基づいて，下記の直接法によるキャッシュ・フロー計算書の空欄を埋めて
完成しなさい。

（資産・負債の増減額）		損益計算書	
売掛金の増加額	55	売上高	750
商品の減少額	30	売上原価	550
買掛金の減少額	15	給 料	45
		支払家賃	30
		減価償却費	35
		当期純利益	90

キャッシュ・フロー計算書（直接法）

営業活動によるキャッシュ・フロー	
営業収入	（　　　）
商品の仕入れによる支出	（　　　）
営業支出	（　　　）
営業活動によるキャッシュ・フロー	85
投資活動によるキャッシュ・フロー	
機械の取得	△75
投資活動によるキャッシュ・フロー	△75
財務活動によるキャッシュ・フロー	
短期借入による収入	15
財務活動によるキャッシュ・フロー	（　　　）
現金及び現金同等物の増加額	（　　　）
現金及び現金同等物の期首残高	30
現金及び現金同等物の期末残高	（　　　）

2．次の資料に基づいて，下記の間接法によるキャッシュ・フロー計算書の空欄を埋めて
　完成しなさい。

| 売掛金の減少額 | 55 | 商品の増加額 | 30 |
| 買掛金の減少額 | 15 | 減価償却費の発生額 | 25 |

キャッシュ・フロー計算書（間接法）

営業活動によるキャッシュ・フロー

　　当期純利益　　　　　　　　　　　　　　　　105

　　減価償却費　　　　　　　　　　（　　　　）

　　売掛金の減少　　　　　　　　　（　　　　）

　　商品の増加　　　　　　　　　　（　　　　）

　　買掛金の減少　　　　　　　　　（　　　　）

　　営業活動によるキャッシュ・フロー（　　　　）

投資活動によるキャッシュ・フロー

　　機械の取得　　　　　　　　　　　　△135

　　投資活動によるキャッシュ・フロー　　△135

財務活動によるキャッシュ・フロー

　　短期借入金による調達　　　　　　　　15

　　財務活動によるキャッシュ・フロー　　15

　　現金及び現金同等物の増加額　　（　　　　）

　　現金及び現金同等物の期首残高　　　　60

　　現金及び現金同等物の期末残高　（　　　　）

第10章　財務諸表の分析

第1節　意　義

　貸借対照表や損益計算書などの財務諸表を用いて，企業について分析することができる。すなわち，財務諸表によって当該企業の財政状態や経営成績の良し悪しを判断したり，その原因を明らかにすることができる。ただし，第1章第4節で述べたとおり，企業を取り巻く利害関係者は，企業に対する関心がそれぞれ異なるため，各関心に応じて分析することで，有用な情報を得ることができることとなる。

　本章では，財務諸表の分析に関し，安全性と収益性の観点から主なものを説明する。

　なお，116ページ以降における具体的な計算は，次の資料を用いている。

〔資料〕

　A社の貸借対照表と損益計算書における主な項目の金額は次のとおりである（単位：千円）。

流動資産	¥27,500
当座資産	¥18,300　（うち受取手形・売掛金合計　¥11,200）
棚卸資産	¥6,000
固定資産	¥23,500
資産合計	¥52,300
流動負債	¥17,500
固定負債	¥11,300
負債合計	¥28,800
株主資本	¥20,000
評価・換算差額等	¥2,500
純資産合計	¥23,500
負債および純資産合計	¥52,300
売上高	¥60,000
売上総利益	¥28,000
営業利益	¥3,500
経常利益	¥3,700
当期純利益	¥1,500

第2節　安全性分析

　企業の業績が悪くてもただちに倒産するわけではないが，資金繰りが悪くなると次第に企業経営が苦しくなり，最終的には倒産してしまう。したがって，経営者は絶えず資金繰りに注意しており，また外部の利害関係者も当該企業の支払能力に注目する必要がある。

　安全性分析は，企業の財務構造や支払能力を明らかにするもので，次のような指標がある。

116

1．流動比率

　1年以内に資金化できる資産が，1年以内に支払わなければならない負債の何倍あるかを示すもので，次のように計算する。

$$流動比率 = \frac{流動資産}{流動負債} \times 100$$

　流動比率が高いほど，安全性が高く，理想では200％以上あることが望ましいが，100％以上かどうかが実際の目安となる。

$$A社の流動比率 = \frac{27,500}{17,500} \times 100 = 157.1\%$$

2．当座比率

　現金及び預金，受取手形，売掛金，売買目的有価証券といった換金性の高い当座資産が，流動負債の何倍あるかを示すもので，次のように計算する。

$$当座比率 = \frac{当座資産}{流動負債} \times 100$$

　これは所有する資産を処分することなく流動負債を支払う能力であり，100％以上が理想である。特に短期的な支払能力を意味する。

$$A社の当座比率 = \frac{18,300}{17,500} \times 100 = 104.6\%$$

3．自己資本比率

　総資産に対し，自己資本がどの程度の割合を占めているかを示す。自己資本とは返済の必要のない資金であり，貸借対照表の純資産の部における株主資本と評価・換算差額等の合計額であり，次のように計算する。

$$自己資本比率 = \frac{自己資本}{総資産} \times 100$$

　自己資本比率が高いほど，利子の支払いを伴う負債の比率が低いことを意味し，返済不要の資金を元手に活動しているため経営の安定性が高まる。

$$A社の自己資本比率 = \frac{22,500}{52,300} \times 100 = 43.0\%$$

4．固定比率

　固定資産の調達のための資金が，どの程度自己資本で賄われているかを示すもので，次のように計算する。

$$固定比率 = \frac{固定資産}{自己資本} \times 100$$

　固定資産に投下されている資金は長期的に回収されるため，そのような資産を調達するための資金は，短期的な資金ではなく，返済の必要のない自己資本で賄うことが望ましいので，このことがどの程度達成されているかを意味する指標であり，100％未満が望ましい。

$$A社の固定比率 = \frac{23,500}{22,500} \times 100 = 104.4\%$$

5．固定長期適合率

　固定資産の調達のための資金が，自己資本と固定負債の合計額の範囲で賄われているかどうかを示すもので，次のように計算する。

$$固定長期適合率 = \frac{固定資産}{自己資本 + 固定負債} \times 100$$

　固定資産は自己資本の範囲で賄うことが望ましいが，それが無理でも，返済が長期にわたる固定負債を自己資本に合算した金額に収まっているかを明らかにする指標であり，これも100％未満が望ましい。

$$A社の固定長期適合比率 = \frac{23,500}{33,800} \times 100 = 69.5\%$$

第3節　収益性分析

　企業が持続的に経営活動を行ったり，さらに発展していくためには継続的に利益を計上していく必要がある。そして利益がなぜ増加（減少）したのかを明らかにすることは，企業経営にとって重要なことであり，また外部の利害関係者にとっても当該企業の利益の状況は非常に重要な情報である。そこで，収益性分析は企業の稼ぐ力を明らかにするもので，次のような指標がある。

1．売上高利益率
　売上高に対する利益の割合であり，100円の売上高に対しどれだけの利益が生じたかを示し，次のように分子にどの利益を用いるかによって，いくつかの比率を計算することができる。

$$売上高総利益率 = \frac{売上総利益}{売上高} \times 100$$

$$売上高営業利益率 = \frac{営業利益}{売上高} \times 100$$

$$売上高経常利益率 = \frac{経常利益}{売上高} \times 100$$

$$売上高純利益率 = \frac{当期純利益}{売上高} \times 100$$

　売上高総利益率は高いほうが望ましく，その企業の商品力が高いことも示す。なお，この比率はそれほど大きな変動はしない。
　売上高営業利益率は，本業による収益力や経営の効率を示す。売上高経常利

益率は，財務活動を含めた企業の通常の事業全体の利益率を示す。売上高純利益率は，企業全体でどれだけ効率よく儲けたかどうかという最終的な収益力を示す。

$$A社の売上高総利益率 = \frac{28,000}{60,000} \times 100 = 46.7\%$$

$$A社の売上高営業利益率 = \frac{3,500}{60,000} \times 100 = 5.8\%$$

$$A社の売上高経常利益率 = \frac{3,700}{60,000} \times 100 = 6.2\%$$

$$A社の売上高純利益率 = \frac{1,500}{60,000} \times 100 = 2.5\%$$

２．総資本回転率

企業の総資本がどれくらい効率よく運用されたかを示すもので，次のように計算する。

$$総資本回転率 = \frac{売上高}{総資本} \quad (回)$$

回転率が高ければ効率が高いことを示す。

$$A社の総資本回転率 = \frac{60,000}{52,300} = 1.1回$$

３．売上債権回転率

受取手形と売掛金の合計額で売上高を割ることで，売上債権が回収される速さを示すもので，次のように計算する。

$$売上債権回転率 = \frac{売上高}{受取手形＋売掛金} \quad (回)$$

回転率が高いほど売上債権の回収までの期間が短いことを示す。なお，365

120

日を回転率で割ることで，回収するまでの日数が求められる。

$$A社の売上債権回転率 = \frac{60,000}{11,200} = 5.4回$$

$$回収するまでの日数 = 365日 \div 5.4回 = 67.6日$$

4．棚卸資産回転率

製品・商品等からなる棚卸資産の回転効率を示すもので，次のように計算する。

$$棚卸資産回転率 = \frac{売上高}{棚卸資産} \quad (回)$$

回転率が高いほど製品・商品等が効率よく販売されているということであり，365日を回転率で割ることで，いわゆる在庫日数が計算される。

$$A社の棚卸資産回転率 = \frac{60,000}{6,000} = 10.0回$$

$$在庫日数 = 365日 \div 10.0回 = 36.5日$$

5．固定資産回転率

売上高が固定資産の何倍であるかを示すもので，次のように計算する。

$$固定資産回転率 = \frac{売上高}{固定資産} \quad (回)$$

回転率が高いほど，設備をはじめとした固定資産がより有効に利用されていることを示す。

$$A社の固定資産回転率 = \frac{60,000}{23,500} = 2.6回$$

6．総資産利益率 (ROA : Return on Assets)

総資産に対してどの程度の利益を生み出したかを意味し，次のように計算する。

$$総資産利益率 = \frac{利\quad 益}{総資産} \times 100$$

企業は負債と純資産という2種類で資金調達を行い，調達された資金は総資産の形で運用されているので，ROAは企業が調達した資金がどの程度効率よく利益を稼いだかを示す。なお，分子の利益はいくつかがありうる。

$$A社の総資産利益率 = \frac{1,500}{52,300} \times 100 = 2.9\%$$

※分子には，当期純利益を用いている。

7．自己資本利益率 (ROE : Return on Equity)

自己資本に対してどの程度の利益を生み出したかを示すもので，次のように計算する。

$$自己資本利益率 = \frac{当期純利益}{自己資本} \times 100$$

株主の払込資本等である自己資本がどの程度の利益を生み出したかを意味する。ここでの自己資本は，純資産の部における株主資本と評価・換算差額等の合計額である。

$$A社の自己資本利益率 = \frac{1,500}{22,500} \times 100 = 6.7\%$$

■章末問題

97ページの貸借対照表と43ページの損益計算書を用いて，本章で取り上げた安全性と収益性について財務諸表の分析を行いなさい。

流動比率 ＝（　　　　　　　）　　　　　当座比率 ＝（　　　　　　　）

自己資本比率 ＝（　　　　　　）　　　　固定比率 ＝（　　　　　　　）

固定長期適合比率 ＝（　　　　　　）

売上高総利益率 ＝（　　　　　　　）　　　売上高営業利益率 ＝（　　　　　　　）

売上高経常利益率 ＝（　　　　　　　）　　売上高純利益率 ＝（　　　　　　）

総資本回転率 ＝（　　　　　　）　　　　　売上債権回転率 ＝（　　　　　　）

棚卸資産回転率＝（　　　　　　）　　　　　固定資産回転率 ＝（　　　　　　）

総資産利益率 ＝（　　　　　　）　　　　　自己資本利益率 ＝（　　　　　　）

章末問題解答

■第2章
①単一性の原則に反している
②継続性の原則に反している
③明瞭性の原則に従っている
④真実性の原則に反している
⑤資本と利益の区分の原則に反している
⑥重要性の原則に反している
⑦正規の簿記の原則に従っている
⑧保守主義の原則に従っている

■第3章
1．（先入先出法）
　5月15日は，単価￥60の商品が110個と単価￥70の商品が25個払出されたことになり，5月29日は単価￥70の商品が50個と単価￥80の商品が30個払出されたこととなる。

$$売上原価 = （￥60 \times 110個 + ￥70 \times 25個）+ （￥70 \times 50個 + ￥80 \times 30個）$$
$$= ￥14,250$$

　（移動平均法）
　5月7日に単価の異なる商品が仕入れられたので，この時点で単価を計算すると，

$$（￥60 \times 110個 + ￥70 \times 75個）÷ （110個 + 75個）= ￥64.1$$

　また5月20日にさらに異なる単価の商品が仕入れられたので，新たな単価を計算すると，

$$（￥64.1 \times 50個 + ￥80 \times 55個）÷ （50個 + 55個）= ￥72.4$$

　したがって，売上原価は

$$売上原価 = ￥64.1 \times 135個 + ￥72.4 \times 80個$$
$$= ￥14,446$$

（総平均法）

5月に受け入れた商品の合計金額（前期繰越高を含む）を，5月に受け入れた商品の合計数量（前期繰越高を含む）で割ると，

$$（¥60 × 110 個＋¥70 × 75 個＋¥80 × 55 個）÷（110 個＋75 個＋55 個）＝¥67.7$$

したがって，売上原価は

$$売上原価 ＝ ¥67.7 ×（135 個＋80 個）$$
$$＝ ¥14,556$$

2．棚卸減耗損 ＝＠¥120 ×（1,200 個－1,130 個）
$$＝¥8,400$$

棚卸評価損 ＝（＠¥120 －＠¥116）× 1,130 個
$$＝ ¥4,520$$

原　価
＠¥120

正味売却価額
＠¥116

棚卸評価損 （＠¥120－＠¥116）×1,130個		棚卸減耗損 ＠¥120×(1,200個－1,130個)
実際の期末商品棚卸高 ¥131,080		

実地棚卸数量　　　帳簿棚卸数量
1,130個　　　　　1,200個

■第4章

損 益 計 算 書

(自 令和×2年4月1日 至 令和×3年3月31日)

(単位:千円)

科　　　目	金　　額	
(売　上　高　　　　)		(361,000)
(売　上　原　価　　)		(288,290)
売　上　総　利　益		(72,710)
販売費及び一般管理費		63,900
営　業　利　益		(8,810)
営　業　外　収　益		
(　　受取配当金　　　)	(7,900)	
有価証券売却益	2,001	(9,901)
営　業　外　費　用		
支　払　利　息	11,308	
(　社　債　利　息　)	(150)	(11,458)
経　常　利　益		(7,253)
特　別　利　益		
(　　固定資産売却益　)		(790)
特　別　損　失		
前期損益修正損		258
税　引　前　当　期　純　利　益		(7,785)
(　　法人税,住民税及び事業税)	(2,450)	
法人税等調整額	690	(3,140)
当　期　純　利　益		(4,645)

■第5章

1. ① (借) 建 設 仮 勘 定　5,000,000　(貸) 当 座 預 金　5,000,000

② (借) 機 械 装 置　20,000,000　(貸) 建 設 仮 勘 定　5,000,000
　　　　　　　　　　　　　　　　　　　　　当 座 預 金　15,000,000

③ (借) 株 式 交 付 費　1,200,000　(貸) 当 座 預 金　1,200,000

④ (借) 株式交付費償却　400,000　(貸) 株 式 交 付 費　400,000

2．定額法 ＝ 3,000,000 × 0.200 ＝ 600,000
　　定率法

年　数	減価償却費
1	1,200,000 [1]
2	720,000 [2]
3	432,000
4	324,000 [3]
5	323,999 [4]

注1）3,000,000 × 0.400 ＝ 1,200,000
注2）(3,000,000 − 1,200,000) × 0.400 ＝ 720,000
注3）実際の計算では，(3,000,000 − 2,352,000) × 0.400 ＝ 259,200 であるが，
　　　これは償却保証額（3,000,000 × 0.10800 ＝ 324,000）に満たないので，
　　　改定取得価額（¥648,000）に改定償却率（0.500）を乗じた額がこれ以
　　　降の減価償却費となる。
注4）5年目の計算上の減価償却費は324,000円であるが，残存価額が1円と
　　　なるので，結果として実際の減価償却費は323,999円となる。

3．（計算の考え方）

$$使用価額（割引現在価値）＝ \frac{900,000}{(1 + 0.05)} + \frac{800,000}{(1 + 0.05)^2} + \frac{700,000 + 450,000}{(1 + 0.05)^3}$$

$$＝ 857,143 + 725,624 + 993,413$$

$$＝ 2,576,180$$

正味売却価額 ＞ 使用価額（割引現在価値）であるので，正味売却価額を用いる。
ゆえに，減損損失 ＝ (15,000,000 − 11,500,000) − 2,650,000 ＝ 850,000

■第6章

1．（借）当座預金　　48,500,000　　　　（貸）社　　債　　48,500,000
　　　　＊社債の払込額 ＝ 社債額面金額 × ¥100 当たりの発行価額 ÷ ¥100
　　　　　　　　　　　　＝ ¥50,000,000 × ¥97 ÷ ¥100
　　　　　　　　　　　　＝ ¥48,500,000

2．(借) 社 債 利 息　　1,375,000　　　　(貸) 当 座 預 金　　1,375,000
　　　＊社債利息 ＝ 社債額面金額 × 年利率 × 経過月数 ÷ 12 カ月
　　　　　　　　 ＝ ¥50,000,000 × 5.5％ × 6 カ月 ÷ 12 カ月
　　　　　　　　 ＝ ¥1,375,000

3．(借) 社　　　　　債　 19,760,000　　　(貸) 当 座 預 金　 19,200,000
　　　　　　　　　　　　　　　　　　　　　　社 債 償 還 益　　 560,000
　　　＊4 年目の社債の帳簿価額

$$= 発行価額 ¥50,000,000 × ¥97 ÷ ¥100 + \frac{(50,000,000 - 48,500,000)}{5 年} × 3 年$$

$$= ¥49,400,000$$

　　　＊償還した社債の帳簿価額

$$= ¥49,400,000 × \frac{20,000,000}{50,000,000} = ¥19,760,000$$

　　　＊買入のために支払う金額 (当座預金) ＝ ¥20,000,000 × ¥96 ÷ ¥100
　　　　　　　　　　　　　　　　　　　　 ＝ ¥19,200,000

4．(借) 機 械 装 置　　7,574,400　　　　(貸) 当 座 預 金　　6,000,000
　　　　　　　　　　　　　　　　　　　　　　資 産 除 去 債 務　 1,574,400

5．(借) 退 職 給 付 費 用　 1,280,000　　　(貸) 退 職 給 付 引 当 金　 1,280,000

6．(借) 保 証 債 務 見 返　 3,000,000　　　(貸) 保 証 債 務　　3,000,000

7．(借) 未 　 収 　 金　　3,150,000　　　(貸) 当 座 預 金　　3,150,000
　　　　 保 証 債 務　　3,000,000　　　　　　保 証 債 務 見 返　 3,000,000

■第 7 章

1．① (借) 当 座 預 金 150,000,000　　(貸) 資　 本　 金 150,000,000
　　　　＊今回発行される株式数は，20,000 株 ÷ 4 ＝ 5,000 株
　　　　＊資本金の金額 ＝ ¥30,000 × 5,000 株 ＝ ¥150,000,000

　　② (借) 当 座 預 金 52,000,000　　(貸) 資　 本　 金 26,000,000
　　　　　　　　　　　　　　　　　　　　　株 式 払 込 剰 余 金 26,000,000
　　　　　　　　　　　　　　　　　　　　 (資本準備金)

③（借）繰越利益剰余金　36,400,000　　（貸）利　益　準　備　金　2,400,000
　　　　　　　　　　　　　　　　　　　　　　未　払　配　当　金　25,000,000
　　　　　　　　　　　　　　　　　　　　　　別　途　積　立　金　9,000,000

（利益準備金の計算）

　　今回，¥25,000,000の配当を行うので，その10分の1である¥2,500,000を利益準備金として積み立て可能である。会社法上，資本金の4分の1の¥12,500,000まで資本準備金と利益準備金の合計を積み立てることが規定されているが，現在，その合計額は¥10,100,000（＝¥6,300,000＋3,800,000）であり，あと¥2,400,000（＝¥12,500,000－¥10,100,000）だけ利益準備金を積み立てることができる状況であるので，利益準備金は¥2,400,000となる。

2. （横に並べる様式）

株主資本等変動計算書

（単位：百万円）

	株主資本										評価・換算差額等		新株予約権	純資産合計
	資本金	資本剰余金			利益剰余金				自己株式	株主資本合計	その他有価証券評価差額金	評価・換算差額等合計		
		資本準備金	その他資本剰余金	資本剰余金合計	利益準備金	その他利益剰余金		利益剰余金合計						
						新築積立金	繰越利益剰余金							
当期首残高	350	85	15	100	20	10	180	210	△30	630	62	62	20	712
当期変動額														
新株の発行	75	75		75						150				150
剰余金の配当					11		△121	△110		△110				△110
当期純利益							250	250		250				250
株主資本以外の項目の当期変動額（純額）											12	12		12
当期変動額合計	75	75		75	11		129	140		290	12	12		302
当期末残高	425	160	15	175	31	10	309	350	△30	920	74	74	20	1,014

（縦に並べる様式）

株主資本等変動計算書

（単位：百万円）

株主資本			
資本金	当期首残高		350
	当期変動額	新株の発行	75
	当期末残高		425
資本剰余金			
資本準備金	当期首残高		85
	当期変動額	新株の発行	75
	当期末残高		160
その他資本剰余金	当期首残高及び当期末残高		15
資本剰余金合計	当期首残高		100
	当期変動額		75
	当期末残高		175
利益剰余金			
利益準備金	当期首残高		20
	当期変動額	剰余金の配当に伴う積立て	11
	当期末残高		31
その他利益剰余金			
新築積立金	当期首残高及び当期末残高		10
繰越利益剰余金	当期首残高		180
	当期変動額	剰余金の配当	△121
		当期純利益	250
	当期末残高		309
利益剰余金合計	当期首残高		210
	当期変動額		140
	当期末残高		350
自己株式	当期首残高及び当期末残高		△30
株主資本合計	当期首残高		630
	当期変動額		290
	当期末残高		920
評価・換算差額等			
その他有価証券評価差額金	当期首残高		62
	当期変動額（純額）		12
	当期末残高		74
評価・換算差額等合計	当期首残高		62
	当期変動額		12
	当期末残高		74
新株予約権	当期首残高及び当期末残高		20
純資産合計	当期首残高		712
	当期変動額		302
	当期末残高		1,014

■第 8 章

貸 借 対 照 表

（令和×3年 3 月31日）

（単位：千円）

科　　　目	金　　額	科　　　目	金　　額
（資産の部）		（負債の部）	
流動資産	59,561	流動負債	89,600
（　現金及び預金　）	（　25,000）	支払手形	32,100
受取手形	3,600	（　買掛金　　　）	（　40,210）
売掛金	18,000	短期借入金	16,200
有価証券	11,000	未払金	1,090
（　商　品　　　）	（　2,300）	固定負債	2,430
前払費用	81	社　債	1,520
貸倒引当金	△　420	長期借入金	498
固定資産	103,200	退職給付引当金	412
有形固定資産	70,200	負債合計	（　92,030）
建　物	30,800	（純資産の部）	
機械及び装置	10,200	株主資本	69,052
備　品	22,500	資本金	45,000
（　土　地　　　）	（　6,100）	資本剰余金	11,900
建設仮勘定	18,000	資本準備金	7,800
減価償却累計額	△　17,400	その他資本剰余金	4,100
無形固定資産	12,000	利益剰余金	12,152
（　特許権　　　）	（　12,000）	（　利益準備金　　）	（　6,150）
投資その他の資産	21,000	（　その他利益剰余金）	（　6,002）
投資有価証券	16,210	配当平均積立金	1,202
長期貸付金	2,040	繰越利益剰余金	4,800
繰延税金資産	（　2,750）	評価・換算差額等	2,179
繰延資産	500	（　その他有価証券評価差額）	（　2,179）
開発費	500	純資産合計	71,231
資産合計	（　163,261）	負債・純資産合計	（　163,261）

■第9章
1.
キャッシュ・フロー計算書（直接法）

営業活動によるキャッシュ・フロー
　営業収入 （　　695）
　商品の仕入れによる支出 （　△535）
　営業支出 （　△75）
　営業活動によるキャッシュ・フロー 85
投資活動によるキャッシュ・フロー
　機械の取得 △75
　投資活動によるキャッシュ・フロー △75
財務活動によるキャッシュ・フロー
　短期借入による収入 15
　財務活動によるキャッシュ・フロー （　15）
　現金及び現金同等物の増加額 （　25）
　現金及び現金同等物の期首残高 30
　現金及び現金同等物の期末残高 （　55）

（計算方法）
営業収入 ＝ 売上高 － 売掛金の増加額 ＝ 750 － 55 ＝ 695
商品の仕入れによる支出 ＝ 売上原価 － 商品の減少額 ＋ 買掛金の減少額
　　　　　　　　　　　　＝ 550 － 30 ＋ 15 ＝ 535
営業支出 ＝ 給料 ＋ 支払家賃 ＝ 45 ＋ 30 ＝ 75

2.
キャッシュ・フロー計算書（間接法）

営業活動によるキャッシュ・フロー
　当期純利益 105
　減価償却費 （　25）
　売掛金の減少 （　55）
　商品の増加 （　△30）
　買掛金の減少 （　△15）
　営業活動によるキャッシュ・フロー （　140）
投資活動によるキャッシュ・フロー
　機械の取得 △135
　投資活動によるキャッシュ・フロー △135
財務活動によるキャッシュ・フロー
　短期借入金による調達 15
　財務活動によるキャッシュ・フロー 15
　現金及び現金同等物の増加額 （　20）
　現金及び現金同等物の期首残高 60
　現金及び現金同等物の期末残高 （　80）

132

■第10章

$$流動比率 = \frac{162,246}{89,600} \times 100 = 181.1\,\%$$

$$当座比率 = \frac{19,770 + 2,010 + 25,740 + 53,620}{89,600} \times 100 = 112.9\,\%$$

$$自己資本比率 = \frac{231,709 + 2,179}{336,801} \times 100 = 69.4\,\%$$

$$固定比率 = \frac{174,500}{231,709 + 2,179} \times 100 = 74.6\,\%$$

$$固定長期適合比率 = \frac{174,500}{231,709 + 2,179 + 6,213} \times 100 = 72.7\,\%$$

$$売上高総利益率 = \frac{50,880}{138,000} \times 100 = 36.9\,\%$$

$$売上高営業利益率 = \frac{22,490}{138,000} \times 100 = 16.3\,\%$$

$$売上高経常利益率 = \frac{19,470}{138,000} \times 100 = 14.1\,\%$$

$$売上高純利益率 = \frac{18,022}{138,000} \times 100 = 13.1\,\%$$

$$総資本回転率 = \frac{138,000}{336,801} = 0.41\,回$$

$$売上債権回転率 = \frac{138,000}{2,010 + 25,740} = 5.0\,回 \quad (回収するまでの日数 = 365日 \div 5.0回 = 73.0日)$$

$$棚卸資産回転率 = \frac{138,000}{52,100 + 5,100 + 2,020} = 2.3\,回 \quad (在庫日数 = 365日 \div 2.3回 = 158.7日)$$

$$固定資産回転率 = \frac{138,000}{174,500} = 0.79\,回$$

$$総資産利益率 = \frac{18,022}{336,801} \times 100 = 5.4\,\%$$

$$自己資本利益率 = \frac{18,022}{231,709 + 2,179} \times 100 = 7.7\,\%$$

（分子には，当期純利益を用いている）

主要参考文献

秋葉賢一『会計基準の読み方Q&A100（第2版）』中央経済社，2019年。

新井清光『現代会計学（第12版）』中央経済社，2011年。

伊藤邦雄『新・現代会計入門（第5版）』日本経済新聞出版社，2022年。

上野清貴『財務会計の基礎（第3版）』中央経済社，2012年。

太田達也『「収益認識会計基準と税務」完全解説』税務研究会出版局，2018年。

岡部孝好『最新会計学のコア（改訂版）』森山書店，2006年。

片山　覚・井出健二郎・高久隆太・成岡浩一・山内　暁『入門会計学』実教出版，2009年。

金井　正『現代会計学（第3版）』創成社，2013年。

木戸田　力『複式簿記システム―会計測定の方法と構造―』創成社，2001年。

黒澤　清『解説企業会計原則』中央経済社，1987年。

郡司　健『現代会計の基礎と応用』中央経済社，2019年。

児島康雄・佐々木敏博・市村一之・永岩尊暢・大橋慶士・松井富佐男・倉茂道徳『財務会計通論』創成社，2009年。

斎藤静樹編著『財務会計（第6版）』有斐閣，2009年。

斎藤静樹『企業会計入門』有斐閣，2014年。

桜井久勝『財務会計講義（第23版）』中央経済社，2022年。

桜井久勝・須田一幸『財務会計・入門（第15版）』有斐閣，2022年。

佐々木秀一『ベーシック財務諸表入門（第6版）』日本経済新聞出版社，2011年。

佐藤信彦『財務諸表論の要点整理（第12版）』中央経済社，2015年。

佐藤信彦・河﨑照行・齋藤真哉・柴　健次・高須教夫・松本敏史編集『スタンダードテキスト財務会計論Ⅰ・基本論点編（第15版）』中央経済社，2022年。

佐藤信彦・河﨑照行・齋藤真哉・柴　健次・高須教夫・松本敏史編集『スタンダードテキスト財務会計論Ⅱ・応用論点編（第15版）』中央経済社，2022年。

嶌村剛雄『財務諸表論精説』税務経理協会，1993年。

高木泰典・高木秀輔『会計学（3訂版）』創成社，2013年。

高橋和幸『会計情報伝達論』創成社，2008年。

134

武田隆二『最新財務諸表論（第11版）』中央経済社，2009年。

田中　弘・藤田晶子・井戸一元・加藤正浩『基礎からわかる経営分析の技法』税務経理協会，2008年。

東陽監査法人編『会社法計算書類の作成実務と記載事例（第3版）』清文社，2012年。

中村　忠『新稿現代会計学（9訂版）』白桃書房，2004年。

広瀬義州『財務会計（第12版）』中央経済社，2014年。

藤井秀樹『入門財務会計（第4版）』中央経済社，2021年。

森川八洲男『体系財務諸表論』中央経済社，2014年。

山本孝夫・前川邦生編著『会計リテラシー』創成社，2010年。

索　引

ナ

ハ

マ

ヤ

《著者紹介》

石神高尾（いしがみ・たかお）

長崎市生まれ。

長年にわたり，大学で簿記・会計教育に携わっている。博士（学術）。

（検印省略）

2015年9月20日　初版発行
2020年3月20日　改訂版発行
2023年3月20日　三訂版発行

略称－会計基礎

会計学の基礎［三訂版］

―財務諸表の仕組みと情報―

著　者　石神高尾
発行者　塚田尚寛

発行所　東京都文京区春日2－13－1　株式会社 創成社

電　話 03（3868）3867　　F A X 03（5802）6802
出版部 03（3868）3857　　F A X 03（5802）6801
http://www.books-sosei.com　振　替 00150-9-191261

定価はカバーに表示してあります。

©2015, 2023 Takao Ishigami

ISBN978-4-7944-1574-5 C3034
Printed in Japan

組版：でーた工房　印刷：エーヴィスシステムズ
製本：エーヴィスシステムズ
落丁・乱丁本はお取り替えいたします。

──────── 簿記・会計選書 ────────

会 計 学 の 基 礎 ― 財 務 諸 表 の 仕 組 み と 情 報 ―	石 神 高 尾 著	1,700 円
会 計 原 理 ― 会 計 情 報 の 作 成 と 読 み 方 ―	斎 藤 孝 一 著	2,000 円
IFRS 教 育 の 実 践 研 究	柴 健 次 編著	2,900 円
IFRS 教 育 の 基 礎 研 究	柴 健 次 編著	3,500 円
現 代 会 計 の 論 理 と 展 望 ― 会 計 論 理 の 探 求 方 法 ―	上 野 清 貴 著	3,200 円
簿 記 の ス ス メ ― 人 生 を 豊 か に す る 知 識 ―	上 野 清 貴 監修	1,600 円
複 式 簿 記 の 理 論 と 計 算	村 田 直 樹 竹 中 徹 森 口 毅 彦 編著	3,600 円
複 式 簿 記 の 理 論 と 計 算　問 題 集	村 田 直 樹 竹 中 徹 森 口 毅 彦 編著	2,200 円
非 営 利 組 織 会 計 テ キ ス ト	宮 本 幸 平 著	2,000 円
監 査 人 監 査 論 ―会計士・監査役監査と監査責任論を中心として―	守 屋 俊 晴 著	3,600 円
社 会 的 責 任 の 経 営 ・ 会 計 論 ―CSRの矛盾構造とソシオマネジメントの可能性―	足 立 浩 著	3,000 円
社 会 化 の 会 計 ― す べ て の 働 く 人 の た め に ―	熊 谷 重 勝 内 野 一 樹 編著	1,900 円
キャッシュフローで考えよう！ 意 思 決 定 の 管 理 会 計	香 取 徹 著	2,200 円
原 価 計 算 の 基 礎	阪 口 要 編著	2,400 円
活動を基準とした管理会計技法の展開と経営戦略論	広 原 雄 二 著	2,500 円
ラ イ フ サ イ ク ル ・ コ ス テ ィ ン グ ― イ ギ リ ス に お け る 展 開 ―	中 島 洋 行 著	2,400 円
ア メ リ カ 品 質 原 価 計 算 研 究 の 視 座	浦 田 隆 広 著	2,200 円
会 計 の 基 礎 ハ ン ド ブ ッ ク	柳 田 仁 編著	2,600 円

(本体価格)

──────── 創 成 社 ────────